Theophrast | Charaktere

Theophrast
Charaktere

Griechisch / Deutsch

Herausgegeben und übersetzt
von Karsten Wilkens

Reclam

RECLAMS UNIVERSAL-BIBLIOTHEK Nr. 14214
2022 Philipp Reclam jun. Verlag GmbH,
Siemensstraße 32, 71254 Ditzingen
Umschlaggestaltung: Philipp Reclam jun. Verlag GmbH
Umschlagabbildung: Zeichnung nach dem Theophrast-Porträt in der Sammlung Albani (© Ivona17 / Dreamstime.com)
Druck und Bindung: Eberl & Koesel GmbH & Co. KG,
Am Buchweg 1, 87452 Altusried-Krugzell
Printed in Germany 2022
RECLAM, UNIVERSAL-BIBLIOTHEK und
RECLAMS UNIVERSAL-BIBLIOTHEK sind eingetragene Marken der Philipp Reclam jun. GmbH & Co. KG, Stuttgart
ISBN 978-3-15-014214-1
www.reclam.de

Die dreißig Charakterskizzen

1 ΕΙΡΩΝ

Ὁ δὲ εἴρων τοιοῦτός τις, οἷος προσελθὼν τοῖς ἐχθροῖς ἐθέλειν λαλεῖν, οὐ μισεῖν· καὶ ἐπαινεῖν παρόντας, οἷς ἐπέθετο λάθρᾳ, καὶ τούτοις συλλυπεῖσθαι ἡττημένοις καὶ συγγνώμην δὲ ἔχειν τοῖς αὐτὸν κακῶς λέγουσι καὶ ἐπὶ τοῖς καθ' ἑαυτοῦ λεγομένοις ⟨γελᾶν⟩.

καὶ πρὸς τοὺς ἀδικουμένους καὶ ἀγανακτοῦντας πράως διαλέγεσθαι.

καὶ τοῖς ἐντυγχάνειν κατὰ σπουδὴν βουλομένοις προστάξαι ἐπανελθεῖν καὶ μηδέν, ὧν πράττει, ὁμολογῆσαι, ἀλλὰ φῆσαι βουλεύεσθαι καὶ προσποιήσασθαι ἄρτι παραγεγονέναι καὶ ὀψὲ γενέσθαι [αὐτὸν] καὶ μαλακισθῆναι.

καὶ πρὸς τοὺς δανειζομένους καὶ ἐρανίζοντας ⟨...⟩, ὡς οὐ πωλεῖ, καὶ μὴ πωλῶν φῆσαι πωλεῖν. καὶ ἀκούσας τι μὴ προσποιεῖσθαι καὶ ἰδὼν φῆσαι μὴ ἑορακέναι καὶ ὁμολογήσας μὴ μεμνῆσθαι καὶ τὰ μὲν σκέψεσθαι φάσκειν, τὰ δὲ οὐκ εἰδέναι, τὰ δὲ θαυμάζειν, τὰ δ' ἤδη ποτὲ καὶ αὐτὸς οὕτω διαλογίσασθαι.

καὶ τὸ ὅλον δεινὸς τῷ τοιούτῳ τρόπῳ τοῦ λόγου χρῆσθαι· »Οὐ πιστεύω.« – »Οὐχ ὑπολαμβάνω.« – »Ἐκπλήττομαι.« – [Καὶ] »Λέγεις αὐτὸν ἕτερον γεγονέναι.« – »Καὶ μὴν οὐ ταῦτα πρὸς

1 DER UNEHRLICHE

Der Unehrliche verhält sich so: Er geht auf seine Feinde zu und gibt vor, sich mit ihnen unterhalten zu wollen, ohne sie zu hassen; er sagt Leuten Komplimente ins Gesicht, denen er insgeheim übel mitgespielt hat, und bekundet diesen sein Mitgefühl, wenn sie in einem Prozess die Unterlegenen sind; er übt Nachsicht mit Leuten, die ihn verleumden, und ⟨lacht⟩ über das, was gegen ihn Schlechtes vorgebracht wird.

Zu Menschen, denen Unrecht widerfährt und die sich (deshalb) gekränkt fühlen, redet er sanft.

Bittstellern, die ihn dringend sprechen wollen, trägt er auf, ein andermal wiederzukommen. Nichts von dem, was er gerade tut, gibt er zu, sondern er sagt, er überlege noch, oder schützt vor, eben erst angekommen, spät dran oder krank zu sein.

Leute, die ihn um ein Darlehen oder einen Leihbeitrag bitten, ⟨weist er mit den Worten ab, dass er gerade nicht flüssig sei. Wenn er etwas verkaufen will, sagt er,⟩ er verkaufe nicht, und wenn er nicht verkaufen will, (sagt er,) er verkaufe; hat er etwas gehört, streitet er es ab; hat er etwas gesehen, verneint er es; und wenn er mit jemandem eine Vereinbarung getroffen hat, gibt er vor, sich nicht zu erinnern. Bei *einer* Sache sagt er, er müsse es sich noch überlegen, bei einer anderen, er wisse es nicht, bei der dritten, das komme ihm seltsam vor, bei der vierten, Ähnliches habe er auch schon gedacht.

Überhaupt benutzt er gern Phrasen wie: »Ich glaub's nicht.« – »Das nehm ich nicht an.« – »Ich bin entsetzt.« – »Du sagst, dass er ein anderer geworden ist.« – »Das hat er mir

ἐμὲ διεξῄει.« – »Παράδοξόν μοι τὸ πρᾶγμα.« – »Ἄλλῳ τινὶ λέγε.« – »Ὁπότερον δὲ σοὶ ἀπιστήσω ἢ ἐκείνου καταγνῶ, ἀποροῦμαι.« – »Ἀλλ᾽ ὅρα, μὴ σὺ θᾶττον πιστεύεις.«

aber nicht gesagt.« – »Die Sache kommt mir komisch vor.« – »Das kannst du jemand anderem erzählen.« – »Ich bin mir nicht sicher, ob ich dir glauben kann oder ob ich sein Verhalten missbilligen muss.« – »Sieh zu, dass du nicht immer gleich alles glaubst!«

2 ΚΟΛΑΞ

Ὁ δὲ κόλαξ τοιοῦτός τις, οἷος ἅμα πορευόμενος εἰπεῖν· »Ἐνθυμῇ, ὡς ἀποβλέπουσι πρὸς σὲ οἱ ἄνθρωποι; τοῦτο δὲ οὐθενὶ τῶν ἐν τῇ πόλει γίγνεται πλὴν ἢ σοί.« ⟨καὶ⟩ »Ηὐδοκίμεις χθὲς ἐν τῇ στοᾷ.« πλειόνων γὰρ ἢ τριάκοντα ἀνθρώπων καθημένων καὶ ἐμπεσόντος λόγου, τίς εἴη βέλτιστος, ἀφ' αὐτοῦ ἀρξαμένους πάντας ἐπὶ τὸ ὄνομα αὐτοῦ κατενεχθῆναι.

καὶ ἅμα τοιαῦτα λέγων ἀπὸ τοῦ ἱματίου ἀφελεῖν κροκύδα, καὶ ἐάν τι πρὸς τὸ τρίχωμα τῆς κεφαλῆς ὑπὸ πνεύματος προσενεχθῇ ἄχυρον, καρφολογῆσαι, καὶ ἐπιγελάσας δὲ εἰπεῖν· »Ὁρᾷς; ὅτι δυοῖν σοι ἡμερῶν οὐκ ἐντετύχηκα, πολιῶν ἔσχηκας τὸν πώγωνα μεστόν, καίπερ εἴ τις καὶ ἄλλος ἔχων πρὸς τὰ ἔτη μέλαιναν τὴν τρίχα.«

καὶ λέγοντος δὲ αὐτοῦ τι τοὺς ἄλλους σιωπᾶν κελεῦσαι καὶ ἐπαινέσαι δὲ ἀκούοντα καὶ ἐπισημήνασθαι δέ, ἐπὰν παύσηται, »Ὀρθῶς.« καὶ σκώψαντι ψυχρῶς ἐπιγελάσαι τό τε ἱμάτιον ὦσαι εἰς τὸ στόμα ὡς δὴ οὐ δυνάμενος κατασχεῖν τὸν γέλωτα.

καὶ τοὺς ἀπαντῶντας ἐπιστῆναι κελεῦσαι, ἕως ἂν αὐτὸς παρέλθῃ.

καὶ τοῖς παιδίοις μῆλα καὶ ἀπίους πριάμενος εἰσενέγκας δοῦναι ὁρῶντος αὐτοῦ καὶ φιλήσας δὲ εἰπεῖν· »Χρηστοῦ πατρὸς νεόττια.«

2 DER SCHMEICHLER

Der Schmeichler pflegt sich folgendermaßen aufzuführen: (Auf einem Gang durch die Stadt seinen Gönner) begleitend, sagt er zu ihm: »Merkst du, wie die Leute zu dir hinschauen? Das geschieht keinem in der Stadt außer dir.« Und: »Du wurdest gefeiert gestern in der Stoa (Säulenhalle).« Und weiter, es hätten da mehr als dreißig Leute gesessen, und als die Rede darauf kam, wer der Beste sei, seien alle, von ihm selbst (dem Schmeichler) angefangen, auf seinen (des Geschmeichelten) Namen verfallen.

Und während er solchermaßen schwafelt, nimmt er ein Flöckchen vom Mantel seines Gönners, und wenn der Wind ein Hälmchen an sein Kopfhaar trägt, fängt er (ebenfalls) gleich mit der ›Reisiglese‹ an und sagt unter Lachen: »Siehst du? Zwei Tage habe ich dich nicht getroffen, und schon ist dein Bart voller grauer Haare. Allerdings: Wenn überhaupt jemand, dann bist du es, der für seine Jahre noch dunkles Haar hat.«

Wenn sein Gönner etwas sagt, gebietet er den anderen Anwesenden, still zu sein, und lobt ihn so laut, dass er es hören kann; hat er seine Rede beendet, applaudiert er und sagt: »Richtig.« Macht der Mann einen geschmacklosen Witz, prustet er los und stopft sich den Mantel in den Mund, als könne er sein Lachen nicht bändigen.

Entgegenkommende Passanten (auf der Straße) weist er an, stehen zu bleiben, bis *er* vorbeigegangen sei.

Seinen (des Geschmeichelten) Kindern bringt er Äpfel und Birnen mit, die er (vorsorglich) gekauft hat, und überreicht sie ihnen unter den Augen des Vaters; dann küsst er sie und sagt: »Küken aus guter Brut!«

καὶ συνωνούμενος Ἰφικρατίδας τὸν πόδα φῆσαι εἶναι εὐρυθμότερον τοῦ ὑποδήματος.

καὶ πορευομένου πρός τινα τῶν φίλων προδραμὼν εἰπεῖν, ὅτι »Πρὸς σὲ ἔρχεται.« καὶ ἀναστρέψας, ὅτι »Προήγγελκά σε.«

ἀμέλει δὲ καὶ τὰ ἐκ γυναικείας ἀγορᾶς διακονῆσαι δυνατὸς ἀπνευστί.

καὶ τῶν ἑστιωμένων πρῶτος ἐπαινέσαι τὸν οἶνον· καὶ παρακείμενος εἰπεῖν· »Ὡς μαλακῶς ἑστιᾷς.« καὶ ἄρας τι τῶν ἀπὸ τῆς τραπέζης φῆσαι »Τουτὶ ἄρα ὡς χρηστόν ἐστι.« καὶ ἐρωτῆσαι, μὴ ῥιγοῖ καὶ εἰ ἐπιβαλέσθαι βούλεται, καὶ ἔτι ταῦτα λέγων περιστεῖλαι αὐτόν· καὶ ἅμα πρὸς τὸ οὖς προσκύπτων διαψιθυρίζειν· καὶ εἰς ἐκεῖνον ἀποβλέπων τοῖς ἄλλοις λαλεῖν.

καὶ τοῦ παιδὸς ἐν τῷ θεάτρῳ ἀφελόμενος τὰ προσκεφάλαια αὐτὸς ὑποστρῶσαι.

καὶ τὴν οἰκίαν φῆσαι εὖ ἠρχιτεκτονῆσθαι καὶ τὸν ἀγρὸν εὖ πεφυτεῦσθαι καὶ τὴν εἰκόνα ὁμοίαν εἶναι.

Begleitet er ihn beim Kauf von Iphikratiden (also von guten Schuhen), behauptet er, *sein* Fuß sei schöner geformt als der Schuh.

Und wenn er zu einem Freund geht, läuft er vor, um ihn anzukündigen: »*Er* kommt zu dir.« Dann kehrt er wieder um und sagt: »Ich habe dich angemeldet.«

Man kann davon ausgehen, dass er auch die Einkäufe auf dem Frauenmarkt zu tätigen vermag – atemlos!

Bei einem Festmahl lobt er als Erster unter den Gästen den Wein und fährt neben ihm sitzend fort: »Wie delikat du uns speisen lässt!« Und wenn er sich etwas vom Tisch nimmt, sagt er: »Dieses erst – wie köstlich!« Dann fragt er den Gastgeber, ob ihn friere und ob er eine Decke umgelegt haben möchte, und noch während er dies sagt, wickelt er ihn ein; dabei beugt er sich zu seinem Ohr und spricht flüsternd. Und auch wenn er mit den anderen redet, schaut er zu *ihm* hin.

Im Theater nimmt er dem Sklaven die Kissen ab, um sie selbst (seinem Gönner) unterzulegen.

Er konstatiert, *sein* Haus sei schön gebaut, die Felder in gutem Zustand und das Porträt treffend.

3 ΑΔΟΛΕΣΧΗΣ

Ὁ δὲ ἀδολέσχης τοιοῦτός τις, οἷος, ὃν μὴ γιγνώσκει, τούτῳ παρακαθεζόμενος πλησίον πρῶτον μὲν τῆς αὑτοῦ γυναικὸς εἰπεῖν ἐγκώμιον· εἶτα ὃ τῆς νυκτὸς εἶδεν ἐνύπνιον, τοῦτο διηγήσασθαι· εἶθ᾽ ὧν εἶχεν ἐπὶ τῷ δείπνῳ, τὰ καθ᾽ ἕκαστα διεξελθεῖν.

εἶτα δὴ προχωροῦντος τοῦ πράγματος λέγειν, ὡς πολὺ πονηρότεροί εἰσιν οἱ νῦν ἄνθρωποι τῶν ἀρχαίων καὶ ὡς ἄξιοι γεγόνασιν οἱ πυροὶ ἐν τῇ ἀγορᾷ καὶ ὡς πολλοὶ ἐπιδημοῦσι ξένοι καὶ τὴν θάλατταν ἐκ Διονυσίων πλώιμον εἶναι καὶ εἰ ποιήσειεν ὁ Ζεὺς ὕδωρ πλεῖον, τὰ ἐν τῇ γῇ βελτίω ἔσεσθαι καὶ ὃν ἀγρὸν εἰς νέωτα γεωργήσει καὶ ὡς χαλεπόν ἐστι τὸ ζῆν καὶ ὡς Δάμιππος μυστηρίοις μεγίστην δᾷδα ἔστησεν καὶ »Πόσοι εἰσὶ κίονες τοῦ Ὠιδείου;« καὶ »Χθὲς ἤμεσα.« καὶ »Τίς ἐστιν ἡμέρα τήμερον;« καὶ ὡς Βοηδρομιῶνος μέν ἐστι τὰ μυστήρια, Πυανοψιῶνος δὲ τἀπατούρια, Ποσιδεῶνος δὲ ⟨τὰ⟩ κατ᾽ ἀγροὺς Διονύσια· κἂν ὑπομένῃ τις αὐτόν, μὴ ἀφίστασθαι.

3 DER LABERSACK

Das Benehmen eines Labersacks lässt sich so beschreiben: Er setzt sich nah an einen heran, den er nicht kennt, und hält zuerst eine Lobrede auf seine (eigene) Frau, dann gibt er seinen nächtlichen Traum wieder und zählt schließlich die einzelnen Speisen seines Abendessens auf.

Im weiteren Verlauf der Sache stellt er fest, dass die heutigen Menschen viel schlechter seien als die Alten, dass der Weizen gerade preiswert sei auf dem Markt, dass sich zur Zeit viele Fremde in der Stadt aufhielten, dass das Meer seit den Dionysien schiffbar sei, dass, wenn es Zeus mehr regnen ließe, die Früchte auf dem Feld besser gedeihen würden, welchen Acker er im nächsten Jahr bebauen werde, dass das Leben schwer sei und dass Damippos bei den Mysterien die größte Fackel aufgestellt habe. (Und er fragt:) »Wie viele Säulen hat das Odeion?« (Und teilt mit:) »Gestern habe ich gekotzt.« (Und fragt wieder:) »Welcher Tag ist heute?« (Dann vermerkt er,) dass die Mysterien im Boëdromion, die Apaturien im Pyanopsion und die Ländlichen Dionysien im Posideon stattfänden. Und wenn man ihn erträgt, redet er immer weiter ohne Unterlass.

4 ΑΓΡΟΙΚΟΣ

Ὁ δὲ ἄγροικος τοιοῦτός τις, οἷος κυκεῶνα πιὼν εἰς ἐκκλησίαν πορεύεσθαι, καὶ τὸ μύρον φάσκειν οὐδὲν τοῦ θύμου ἥδιον ὄζειν, καὶ μείζω τοῦ ποδὸς τὰ ὑποδήματα φορεῖν, καὶ μεγάλῃ τῇ φωνῇ λαλεῖν.

καὶ τοῖς μὲν φίλοις καὶ οἰκείοις ἀπιστεῖν, πρὸς δὲ τοὺς αὑτοῦ οἰκέτας ἀνακοινοῦσθαι περὶ τῶν μεγίστων, καὶ τοῖς παρ᾽ αὐτῷ ἐργαζομένοις μισθωτοῖς ἐν ἀγρῷ πάντα τὰ ἀπὸ τῆς ἐκκλησίας διηγεῖσθαι.

καὶ ἀναβεβλημένος ἄνω τοῦ γόνατος καθιζάνειν, ὥστε τὰ γυμνὰ αὐτοῦ φαίνεσθαι.

καὶ ἐπ᾽ ἄλλῳ μὲν μηδενὶ ⟨μήτε εὐφραίνεσθαι⟩ μήτε ἐκπλήττεσθαι ἐν ταῖς ὁδοῖς, ὅταν δὲ ἴδῃ βοῦν ἢ ὄνον ἢ τράγον, ἑστηκὼς θεωρεῖν.

καὶ προαιρῶν δέ τι ἐκ τοῦ ταμιείου δεινὸς φαγεῖν, καὶ ζωρότερον πιεῖν.

καὶ τὴν σιτοποιὸν πειρῶν λαθεῖν, κᾆτ᾽ ἀλέσας μετ᾽ αὐτῆς ⟨μετρῆσαι⟩ τοῖς ἔνδον πᾶσι καὶ αὑτῷ τὰ ἐπιτήδεια.

καὶ ἀριστῶν δὲ ἅμα τοῖς ὑποζυγίοις ἐμβαλεῖν ⟨τὸν χόρτον.

καὶ⟩ τὴν θύραν ὑπακοῦσαι αὐτός, καὶ τὸν κύνα προσκαλεσάμενος καὶ ἐπιλαβόμενος τοῦ ῥύγχους εἰπεῖν· »Οὗτος φυλάττει τὸ χωρίον καὶ τὴν οἰκίαν.«

4 DER UNGEHOBELTE

Der Ungehobelte trinkt, bevor er zur Volksversammlung geht, erst noch einen Kykeon; er behauptet nämlich, dass Parfüm durchaus nicht süßer dufte als Thymian. Er trägt zu große Schuhe. Er spricht (stets) mit lauter Stimme.

Er misstraut seinen Freunden und Angehörigen, aber seine Haussklaven weiht er in die wichtigsten Dinge ein; auch den Tagelöhnern, die für ihn die Feldarbeit leisten, erzählt er alles, was sich gerade in der Volksversammlung abgespielt hat.

Beim Sitzen schlägt er (gewöhnlich) seinen Mantel oberhalb der Knie nach oben, so dass seine Blöße zu sehen ist.

Nichts kann ihn erfreuen auf der Straße oder in Staunen versetzen, aber wenn ihm ein Ochse, Esel oder Ziegenbock über den Weg läuft, bleibt er stehen und beäugt ihn.

Wenn er etwas aus der Speisekammer holt, isst er gleich gern davon, und den Wein trinkt er (vorzugsweise) mit wenig Wasser.

Erst treibt er es heimlich mit der Köchin, und gleich danach hilft er ihr beim Mahlen des Getreides und ⟨der Zuteilung⟩ der Tagesration für alle Hausgenossen und für sich selbst.

Während des Frühstücks wirft er den Ochsen nebenher ihr Futter vor.

Er öffnet Ankömmlingen selbst die Tür und ruft dann den Hund, packt ihn an der Schnauze und sagt: »Da seht ihr, was für ein Kerl hier auf mein Grundstück und Haus aufpasst.«

καὶ [τὸ] ἀργύριον δὲ παρά του λαβὼν ἀποδοκιμάζειν, λίαν ⟨γὰρ⟩ μολυβρὸν εἶναι, καὶ ἕτερον ἀνταλλάττεσθαι.

καὶ ἐάν τῳ ἄροτρον χρήσῃ ἢ κόφινον ἢ δρέπανον ἢ θύλακον, ταῦτα τῆς νυκτὸς κατὰ ἀγρυπνίαν ἀναμιμνησκόμενος ⟨...⟩.

καὶ ἐν βαλανείῳ δὲ ᾆσαι, καὶ εἰς τὰ ὑποδήματα δὲ ἥλους ἐγκροῦσαι.

καὶ εἰς ἄστυ καταβαίνων ἐρωτῆσαι τὸν ἀπαντῶντα, πόσου ἦσαν αἱ διφθέραι καὶ τὸ τάριχος καὶ εἰ τήμερον ὁ ἄρχων νουμηνίαν ἄγει, καὶ εἰπεῖν, ὅτι βούλεται εὐθὺς καταβὰς ἀποκείρασθαι καὶ τῆς αὐτῆς ὁδοῦ παριὼν κομίσασθαι παρ' Ἀρχίου τοῦ ταρίχους.

Will ihm jemand Geld zurückerstatten, bringt er es fertig, die Annahme einer Silbermünze zu verweigern, weil sie einen zu hohen Bleigehalt habe, und statt ihrer eine andere zu verlangen.

Hat er einem Nachbarn einen Pflug, einen Korb, eine Sichel oder einen Sack geliehen, kann er nachts nicht schlafen, weil er immer daran denken muss ⟨........⟩.

Er singt im Bad und beschlägt seine Schuhe mit Nägeln.

Geht er in die Stadt hinunter, fragt er einen ihm gerade Entgegenkommenden, wie viel das Leder gekostet habe und der Räucherfisch und ob der Archon an diesem Tag den Monatsbeginn verkünde, und sagt ihm, dass er sich, gleich wenn er unten angekommen sei, die Haare schneiden lassen und auf demselben Weg im Vorbeigehen bei Archias Räucherfisch besorgen wolle.

5 ΑΡΕΣΚΟΣ

Ὁ δὲ ἄρεσκος [ἀμέλει] τοιοῦτός τις, οἷος πόρρωθεν προσαγορεύσας καὶ ἄνδρα κράτιστον εἴπας καὶ θαυμάσας ἱκανῶς, ἀμφοτέραις ταῖς χερσὶ λαβόμενος μὴ ἀφιέναι καὶ μικρὸν ἔτι προπέμψας καὶ ἐρωτήσας, πότε αὐτὸν ὄψεται, ἐπαινῶν ἀπαλλάττεσθαι.

καὶ παρακληθεὶς δὲ πρὸς δίαιταν μὴ μόνον, ᾧ πάρεστι, βούλεσθαι ἀρέσκειν, ἀλλὰ καὶ τῷ ἀντιδίκῳ, ἵνα κοινός τις εἶναι δοκῇ.

καὶ ⟨πρὸς⟩ τοὺς ξένους δὲ εἰπεῖν, ὡς δικαιότερα λέγουσι τῶν πολιτῶν.

καὶ κεκλημένος δὲ ἐπὶ δεῖπνον κελεῦσαι καλέσαι τὰ παιδία τὸν ἑστιῶντα, καὶ εἰσιόντα φῆσαι σύκου ὁμοιότερα εἶναι τῷ πατρί, καὶ προσαγαγόμενος φιλῆσαι καὶ παρ' αὑτὸν καθίστασθαι, καὶ τοῖς μὲν συμπαίζειν αὐτὸς λέγων ›ἀσκός‹, ›πέλεκυς‹, τὰ δὲ ἐπὶ τῆς γαστρὸς ἐᾶν καθεύδειν ἅμα θλιβόμενος.

καὶ πλειστάκις δὲ ἀποκείρασθαι καὶ τοὺς ὀδόντας λευκοὺς ἔχειν καὶ τὰ ἱμάτια δὲ χρηστὰ μεταβάλλεσθαι καὶ χρίματι ἀλείφεσθαι.

καὶ τῆς μὲν ἀγορᾶς πρὸς τὰς τραπέζας προσφοιτᾶν, τῶν δὲ γυμνασίων ἐν τούτοις διατρίβειν, οὗ ἂν οἱ ἔφηβοι γυμνάζωνται, τοῦ δὲ θεάτρου καθῆσθαι, ὅταν ᾖ θέα, πλησίον τῶν στρατηγῶν.

5 DER GEFALLSÜCHTIGE

Der Gefallsüchtige verhält sich so: Er begrüßt (einen Bekannten) schon von Weitem auf der Straße, und nachdem er ihn als besten Mann tituliert und seine Hochachtung für ihn wortreich bekundet hat, ergreift er ihn mit beiden Händen, (scheinbar) ohne ihn loslassen zu wollen, und begleitet ihn ein Stück des Weges; am Schluss fragt er ihn, wann sie sich wiedersehen werden, und geht dann endlich seiner Wege – unter (weiteren) Komplimenten!

Als Beisitzer in einem Schiedsgerichtsverfahren möchte er nicht nur dem, als dessen Beistand er erschienen ist, zu Gefallen sein, sondern auch dem Opponenten, damit er als Unparteiischer dastehe.

Und zu Zugereisten (in einem Prozess) sagt er, dass das Recht eher auf ihrer Seite sei als aufseiten der Mitbürger.

Beim Gastmahl fordert er den Gastgeber auf, die Kinder zu rufen, und wenn sie hereinkommen, sagt er, dass sie dem Vater ähnlicher sähen als eine Feige (der anderen), umarmt und küsst sie und lässt sie neben sich Platz nehmen; mit einigen von ihnen spielt er ein Spiel, selbst dabei auch ›Schlauch‹ oder ›Axt‹ rufend, andere lässt er auf seinem Bauch schlafen, obwohl es ihn arg drückt.

Sehr oft geht er zum Friseur, hält seine Zähne blendend weiß, wechselt seinen Mantel, auch wenn er noch durchaus vorzeigbar ist, und reibt sich mit parfümiertem Salböl ein.

Auf dem Markt lässt er sich häufig an den Wechseltischen blicken, hält sich in den Gymnasien auf, wo die Epheben trainieren, und setzt sich im Theater bei jeder Vorstellung neben die Strategen.

καὶ ἀγοράζειν αὑτῷ μὲν μηδέν, ξένοις δὲ εἰς Βυζάντιον †ἐπιστάλματα† καὶ Λακωνικὰς κύνας εἰς Κύζικον καὶ μέλι Ὑμήττιον εἰς Ῥόδον, καὶ ταῦτα ποιῶν τοῖς ἐν τῇ πόλει διηγεῖσθαι.

ἀμέλει δὲ καὶ πίθηκον θρέψαι δεινὸς καὶ τίτυρον κτήσασθαι καὶ Σικελικὰς περιστερὰς καὶ δορκαδείους ἀστραγάλους καὶ Θουριακὰς τῶν στρογγύλων ληκύθους καὶ βακτηρίας τῶν σκολιῶν ἐκ Λακεδαίμονος καὶ αὐλαίαν Πέρσας ἐνυφασμένην καὶ παλαιστρίδιον κονίστραν ἔχον καὶ σφαιριστήριον.

καὶ τοῦτο περιὼν χρηννύναι τοῖς σοφισταῖς, τοῖς ὁπλομάχοις, τοῖς ἁρμονικοῖς ἐνεπιδείκνυσθαι· καὶ αὐτὸς ἐν ταῖς ἐπιδείξεσιν ὕστερον ἐπεισιέναι, ἐπειδὰν ἤδη συγκαθῶνται, ἵν᾽ ὁ ἕτερος εἴπῃ τῶν θεωμένων πρὸς τὸν ἕτερον, ὅτι »Τούτου ἐστὶν ἡ παλαίστρα.«

Für sich selbst kauft er nichts, schickt aber Kommissionsbriefe an Freunde in Byzantion, spartanische Hunde nach Kyzikos und Honig vom Hymettos nach Rhodos; und das erzählt er dann jedem in der Stadt.

Selbstverständlich hält er einen Affen und schafft sich einen orientalischen Fasan, sizilische Tauben, Würfel aus Gazellenknochen, Salbfläschchen von der runden Sorte aus Thurioi, Zickzackstäbe aus Sparta und einen Teppich mit eingewebten persischen Soldaten an; desgleichen ist er Eigentümer einer kleinen Palästra mit Sandgrube und eines kleinen Ballspielplatzes.

Diese stellt er reihum Vortragsrednern, Waffeninstrukteuren und Musikern zur Verfügung und kommt selbst immer als Letzter zur Vorstellung, wenn die Zuschauer schon Platz genommen haben, damit einer zum anderen sage: »Das ist der Mann, dem die Palästra gehört!«

6 ΑΠΟΝΕΝΟΗΜΕΝΟΣ

Ὁ δὲ ἀπονενοημένος τοιοῦτός τις, οἷος ὀμόσαι ταχύ, κακῶς ἀκοῦσαι, λοιδορηθῆναι δυναμένοις, τῷ ἤθει ἀγοραῖός τις καὶ ἀνασεσυρμένος καὶ παντοποιός.

ἀμέλει δυνατὸς καὶ ὀρχεῖσθαι νήφων τὸν κόρδακα κοὐ προσωπεῖον ἔχων ἐν κωμικῷ χορῷ.

καὶ ἐν θαύμασι δὲ τοὺς χαλκοῦς ἐκλέγειν καθ' ἕκαστον παριὼν καὶ μάχεσθαι τούτοις τοῖς τὸ σύμβολον φέρουσι καὶ προῖκα θεωρεῖν ἀξιοῦσι.

δεινὸς δὲ καὶ πανδοκεῦσαι καὶ πορνοβοσκῆσαι καὶ τελωνῆσαι καὶ μηδεμίαν αἰσχρὰν ἐργασίαν ἀποδοκιμάσαι, ἀλλὰ κηρύττειν, μαγειρεύειν, κυβεύειν.

⟨καὶ⟩ τὴν μητέρα μὴ τρέφειν, ἀπάγεσθαι κλοπῆς, τὸ δεσμωτήριον πλείω χρόνον οἰκεῖν ἢ τὴν αὑτοῦ οἰκίαν.

καὶ οὗτος δ' ἂν εἶναι δόξειεν τῶν περιισταμένων τοὺς ὄχλους καὶ προσκαλούντων, μεγάλῃ τῇ φωνῇ καὶ παρερρωγυίᾳ λοιδορουμένων καὶ διαλεγομένων πρὸς αὐτούς, καὶ μεταξὺ οἱ μὲν προσίασιν, οἱ δὲ ἀπίασι πρὶν ἀκοῦσαι αὐτοῦ, ἀλλὰ τοῖς μὲν

6 DER SKRUPELLOSE

Typisch für den Skrupellosen sind die folgenden Verhaltensweisen: Er leistet immer gleich einen Eid, verspielt schnell seinen guten Ruf, überzieht die Mächtigen mit Spott; seinem Charakter nach ist er ein Marktschreier und Exhibitionist und zu allem fähig.

Was sonst keiner täte, er bringt es fertig, in nüchternem Zustand den Kordax zu tanzen – und das im komischen Chor auch noch ohne Maske!

Im Puppentheater sammelt er das Eintrittsgeld ein, wobei er an jeden einzelnen Zuschauer herantritt und mit denen streitet, die eine Marke besitzen und darauf bestehen, kostenlos zuschauen zu dürfen.

Er ist groß darin, Wirtshäuser zu leiten oder Bordelle oder auch als Steuereintreiber zu wirken, und verschmäht keine noch so unrühmliche geschäftliche Tätigkeit; so verdingt er sich (zum Beispiel auch) als Ausrufer, Koch oder Berufsspieler.

Er kommt nicht für den Unterhalt seiner Mutter auf, wird immer wieder wegen Diebstahls festgenommen und verbringt überhaupt mehr Zeit im Gefängnis als im eigenen Haus.

Dieser Typ scheint zu denen zu gehören, die ein Publikum um sich scharen und die Menge der Zuhörer dann anbrüllen, wobei sie mit lauter, sich überschlagender Stimme Lästereien ausstoßen und Zankgespräche mit ihnen führen; zwischendurch kommen neue Hörer dazu, einige gehen aber auch (gleich wieder), bevor sie seiner Rede lauschen konnten, so dass sie nur den Anfang, andere nicht einmal eine Silbe und (jedenfalls) nur einen Teil seiner Bot-

τὴν ἀρχήν, τοῖς δὲ ⟨οὐδὲ⟩ συλλαβήν, τοῖς δὲ μέρος τοῦ πράγματος λέγει, οὐκ ἄλλως θεωρεῖσθαι ἀξιῶν τὴν ἀπόνοιαν αὐτοῦ ἢ ὅταν ᾖ πανήγυρις.

ἱκανὸς δὲ καὶ δίκας τὰς μὲν φεύγειν, τὰς δὲ διώκειν, τὰς δὲ ἐξόμνυσθαι, ταῖς δὲ παρεῖναι ἔχων ἐχῖνον ἐν τῷ προκολπίῳ καὶ ὁρμαθοὺς γραμματειδίων ἐν ταῖς χερσίν.

⟨καὶ⟩ οὐκ ἀποδοκιμάζειν δὲ οὐδ᾽ ἅμα πολλῶν ἀγοραίων στρατηγεῖν καὶ εὐθὺς τούτοις δανείζειν καὶ τῆς δραχμῆς τόκον τρία ἡμιωβέλια τῆς ἡμέρας πράττεσθαι καὶ ἐφοδεύειν τὰ μαγειρεῖα, τὰ ἰχθυοπώλια, τὰ ταριχοπώλια, καὶ τοὺς τόκους ἀπὸ τοῦ ἐμπολήματος εἰς τὴν γνάθον ἐκλέγειν.

schaft mitbekommen – ihm aber geht es darum, dass sein Spleen so wahrgenommen wird, als handele es sich (bei der Zusammenkunft) um eine öffentliche Versammlung.

Ein Skrupelloser hat laufend mit dem Gericht zu tun, sei es als Angeklagter oder als Kläger; manchmal leistet er aber auch einen Eid, um nicht erscheinen zu müssen, andere Termine nimmt er wieder wahr – mit einem Topf voller Beweismittel im Gewand und Stößen von Schriftstücken in den Händen.

Er hält es nicht für unter seiner Würde, einer Gruppe von Straßenverkäufern vorzustehen und ihnen sogleich ein Darlehen zu geben – mit einem täglichen Zinssatz von anderthalb Oboloi auf die Drachme; auch den Aufseher über die Garküchen und die Verkaufsstände für frischen oder Pökelfisch spielt er gern, um sich die Steueranteile aus den Verkaufserlösen dann in die Backe zu stecken.

7 ΛΑΛΟΣ

Ὁ δὲ λάλος τοιοῦτός τις, οἷος τῷ ἐντυγχάνοντι εἰπεῖν, ἂν ὁτιοῦν πρὸς αὐτὸν φθέγξηται, ὅτι οὐθὲν λέγει καὶ ὅτι αὐτὸς πάντα οἶδε καί, ἂν ἀκούῃ αὐτοῦ, μαθήσεται.

μεταξὺ δὲ ἀποκρινομένῳ ἐπιβάλλειν εἴπας· »Σὺ μὴ ἐπιλάθῃ, ὃ μέλλεις λέγειν.« καὶ »Εὖ γε, ὅτι με ὑπέμνησας.« καί· »Τὸ λαλεῖν ὡς χρήσιμόν που.« καί· »Ὃ παρέλιπον.« καί· »Ταχύ γε συνῆκας τὸ πρᾶγμα.« καί· »Πάλαι σε παρετήρουν, εἰ ἐπὶ τὸ αὐτὸ ἐμοὶ κατενεχθήσῃ.« καὶ ἑτέρας ἀρχὰς τοιαύτας πορίσασθαι, ὥστε μηδὲ ἀναπνεῦσαι τὸν ἐντυγχάνοντα.

καὶ ὅταν γε τοὺς καθ' ἕνα ἀπογυιώσῃ, δεινὸς καὶ ἐπὶ τοὺς ἀθρόους [καὶ] συνεστηκότας πορευθῆναι καὶ φυγεῖν ποιῆσαι μεταξὺ χρηματίζοντας.

καὶ εἰς τὰ διδασκαλεῖα δὲ καὶ εἰς τὰς παλαίστρας εἰσιὼν κωλύειν τοὺς παῖδας προμανθάνειν. [τοσαῦτα καὶ προσλαλεῖ τοῖς παιδοτρίβαις καὶ διδασκάλοις.]

καὶ τοὺς ἀπιέναι φάσκοντας δεινὸς προπέμψαι καὶ ἀποκαταστῆσαι εἰς τὰς οἰκίας.

καὶ πυθομένοις ⟨τὰ ἀπὸ⟩ τῆς ἐκκλησίας ἀπαγγέλλειν, προσδιηγήσασθαι δὲ καὶ τὴν ἐπ' Ἀριστοφῶντός ποτε γενομένην τοῦ ῥήτορος μάχην καὶ τὴν ⟨ἐν⟩ Λακεδαιμονίοις ἐπὶ Λυσάνδρου, καὶ οὕς ποτε λόγους αὐτὸς εἴπας ηὐδοκίμησεν ἐν

7 DER SCHWÄTZER

Der Schwätzer verhält sich folgendermaßen: Wenn jemand, den er gerade getroffen hat, etwas zu ihm sagt, entgegnet er, dass das doch Unsinn sei und dass er selbst alles wisse, er solle ihm nur zuhören, dann werde er es erfahren.

Und will ihm der andere antworten, unterbricht er ihn sofort mit den Worten: »Vergiss nicht, was du sagen wolltest!« und: »Gut, dass du mich erinnert hast!« oder: »Das Reden ist doch eine nützliche Sache!« – »Was ich vergessen habe.« – »Du hast die Sache sofort verstanden.« – »Schon lange warte ich darauf, ob du zu dem gleichen Ergebnis kommst wie ich.« Noch viele andere Anfänge (Floskeln) dieser Art sind ihm geläufig, so dass sein Gesprächspartner ganz außer Atem gerät.

Und hat er auf diese Weise einzelne zur Verzweiflung gebracht, ist er fähig, auch an eine Gruppe von zusammenstehenden Mitbürgern heranzutreten (und sie durch sein Geschwätz zu veranlassen), mitten unter ihren Geschäften die Flucht zu ergreifen.

Auch pflegt er Schulen und Palästren aufzusuchen, mit der Folge, dass die Schüler dort nicht mehr vorankommen im Lernen. [So sehr beschwatzt er die Trainer und Lehrer.]

Sagen welche zu ihm, dass sie fortgehen wollen, ist er imstande, sie zu begleiten und bis nach Hause zu bringen.

Fragen ihn Leute nach der (letzten) Volksversammlung, gibt er ihnen einen Bericht und hängt noch Ausführungen über die Redeschlacht an, die damals unter dem Archontat des Redners Aristophon stattfand, oder über die der Spartaner unter Lysander oder darüber, mit welchen Reden er selbst einmal Aufsehen erregt habe unter den Mitbürgern;

τῷ δήμῳ, καὶ κατὰ τῶν πληθῶν γε ἅμα διηγούμενος κατηγορίαν παρεμβαλεῖν, ὥστε τοὺς ἀκούοντας ἤτοι ἐπιλαβέσθαι ἢ νυστάσαι ἢ μεταξὺ καταλείποντας ἀπαλλάττεσθαι.

καὶ συνδικάζων δὲ κωλῦσαι κρῖναι καὶ συνθεωρῶν θεάσασθαι καὶ συνδειπνῶν φαγεῖν.

καὶ λέγειν, ὅτι »Χαλεπόν μοί ἐστι σιωπᾶν.« καὶ ὡς ἐν ὑγρῷ ἐστιν ἡ γλῶττα, καὶ ὅτι οὐκ ἂν σιωπήσειεν οὐδ᾽ εἰ τῶν χελιδόνων δόξειεν εἶναι λαλίστερος.

καὶ σκωπτόμενος ὑπομεῖναι καὶ ὑπὸ τῶν αὑτοῦ παιδίων, ὅταν αὐτὸν ἤδη καθεύδειν βουλόμενον κωλύῃ λέγοντα· »Πάππα, λάλει τι ἡμῖν, ὅπως ἂν ἡμᾶς ὕπνος λάβῃ.«

und wenn er dann in seine Suada auch noch Gemeinplätze über den Unverstand der Massen einflicht, versuchen die Zuhörer vielleicht, ihn zu unterbrechen, oder sie nicken ein oder stehen mittendrin auf und gehen weg.

Als Mitrichter verhindert er (durch sein Geschwätz), dass ein Urteilsspruch gefällt wird, als Zuschauer im Theater raubt er den Mitzuschauern die Möglichkeit, der Vorstellung zu folgen, und als Teilnehmer eines Festmahls lässt er die anderen Gäste nicht zum Essen kommen.

Dazu sagt er: »Es fällt mir schwer zu schweigen«, und dass seine Zunge gut geölt sei und dass er auch dann nicht schweigen würde, wenn man ihn für schwatzhafter als die Schwalben hielte.

So erträgt er auch den Spott seiner eigenen Kinder, die ihn, wenn er schon ins Bett gehen will, daran hindern und sagen: »Papa, erzähl uns doch noch ein bisschen, damit wir einschlafen!«

8 ΛΟΓΟΠΟΙΟΣ

Ὁ δὲ λογοποιὸς τοιοῦτός τις, οἷος εὐθὺς ἀπαντήσας τῷ φίλῳ †καταβαλὼν τὸ ἦθος† καὶ μειδιάσας ἐρωτῆσαι »Πόθεν σύ;« καὶ »Λέγεις τι;« καὶ »Πῶς ἔχεις;«, πρὸ τοῦ δὲ εἰπεῖν ἐκεῖνον »Καλῶς« ἐπιβαλεῖν »Ἐρωτᾷς μὴ λέγεταί τι καινότερον; καὶ μὴν ἀγαθά γέ ἐστι τὰ λεγόμενα.«

καὶ οὐκ ἐάσας ἀποκρίνασθαι εἰπεῖν· »Τί λέγεις; οὐθὲν ἀκήκοας; δοκῶ μοί σε εὐωχήσειν καινῶν λόγων.«

καὶ ἔστιν αὐτῷ ἢ στρατιώτης ἢ παῖς Ἀστείου τοῦ αὐλητοῦ ἢ Λύκων ὁ ἐργολάβος παραγεγονὼς ἐξ αὐτῆς τῆς μάχης, οὗ φησιν ἀκηκοέναι.

αἱ μὲν οὖν ἀναφοραὶ τῶν λόγων τοιαῦταί εἰσιν αὐτοῦ, ὧν οὐθεὶς ἂν ἔχοι ἐπιλαβέσθαι.

διηγεῖται δὲ τούτους φάσκων λέγειν, ὡς Πολυπέρχων καὶ ὁ βασιλεὺς μάχῃ νενίκηκε καὶ Κάσσανδρος ἐζώγρηται.

καὶ ἂν εἴπῃ τις αὐτῷ· »Σὺ δὲ ταῦτα πιστεύεις;«, φῆσαι·[τὸ πρᾶγμα] βοᾶσθαι γὰρ ἐν τῇ πόλει, καὶ τὸν λόγον ἐπεντείνειν καὶ πάντας συμφωνεῖν [ταὐτὰ γὰρ λέγειν περὶ τῆς μάχης]· καὶ πολὺν τὸν ζωμὸν γεγονέναι.

εἶναι δ᾽ ἑαυτῷ καὶ σημεῖον τὰ πρόσωπα τῶν ἐν τοῖς πράγμασιν· ὁρᾶν γὰρ αὐτὸς πάντων μεταβεβληκότα. ⟨καὶ⟩ λέγειν δ᾽ ὡς καὶ παρακήκοε παρὰ τούτοις κρυπτόμενόν τινα ἐν οἰκίᾳ, ἤδη πέμπτην ἡμέραν ἥκοντα ἐκ Μακεδονίας, ὃς πάντα ταῦτα οἶδε.

8 DER GERÜCHTESTREUER

Der Gerüchtestreuer verhält sich folgendermaßen: Trifft er (auf der Straße) seinen Freund, lässt er sogleich die gerade aufgesetzte Miene fallen und fragt ihn lächelnd: »Woher kommst du? Hast du etwas zu erzählen? Wie geht es dir?« Und bevor jener ›gut‹ sagen kann, fängt er schon wieder an und sagt: »Du fragst, ob es etwas Neues gibt? Hm, die Berichte sind wirklich gut!«

Und lässt ihn wieder nicht antworten, sondern fährt vielmehr selbst fort: »Was sagst du? Hast du gar nichts gehört? Ich glaube, ich kann dir einen Schmaus an Neuigkeiten auftischen!«

Und er behauptet, es von einem Soldaten oder einem Sklaven des Flötenspielers Asteios oder dem Unternehmer Lykon gehört zu haben, die gerade direkt von der Schlacht gekommen seien;

auf derartige Beglaubigungen seiner Worte kann sich niemand verlassen.

Unter Berufung auf die genannten Zeugen erzählt er, dass Polyperchon und der König in der Schlacht gesiegt hätten und dass Kassander gefangen genommen worden sei.

Und wenn einer fragt: »Glaubst du das denn?«, bejaht er es; es sei doch allgemeines Gesprächsthema in der Stadt, und die Diskussion werde immer lebhafter; alle gingen davon aus, dass es so sei – und es sei viel Blut geflossen!

Er könne es auch am Gesichtsausdruck der Politiker erkennen, der sich, wie er bemerke, bei allen verändert habe. Und er fügt hinzu, er habe gehört, dass sie in einem bestimmten Haus einen Mann verborgen hielten, der vor vier Tagen aus Makedonien gekommen sei und all dies wisse.

καὶ ταῦτα διεξιὼν πῶς οἴεσθε πιθανῶς σχετλιάζειν λέγων »Δυστυχὴς Κάσσανδρος· ὢ ταλαίπωρος· ἐνθυμῇ τὸ τῆς τύχης; †ἀλλ' οὖν ἰσχυρὸς γενόμενος†«.

καὶ »Δεῖ δ' αὐτὸν σὲ μόνον εἰδέναι.« [πᾶσι δὲ τοῖς ἐν τῇ πόλει προσδεδράμηκε λέγων.]

Mit Unmutsäußerungen wie: »Unglücklicher Kassander, o unseliger! Erkennst du, wie das Schicksal spielt? Und er war doch ein so starker Mann!« glaubt er, seinen Behauptungen mehr Überzeugungskraft verleihen zu können.

Ebenso auch mit der Mahnung: »Aber das darfst nur du wissen!« Dabei ist er überall herumgelaufen in der Stadt, um dieses Gerücht zu verbreiten.

9 ΑΗΑΙΣΧΥΝΤΟΣ

Ὁ δὲ ἀναίσχυντος τοιοῦτος ⟨τις⟩, οἷος πρῶτον μὲν, ὃν ἀποστερεῖ, πρὸς τοῦτον ἐπανελθὼν δανείζεσθαι, εἶτα ⟨…

καὶ⟩ θύσας τοῖς θεοῖς αὐτὸς μὲν δειπνεῖν παρ' ἑτέρῳ, τὰ δὲ κρέα ἀποτιθέναι ἁλσὶ πάσας, καὶ προσκαλεσάμενος τὸν ἀκόλουθον δοῦναι ἄρτον καὶ κρέας ἀπὸ τῆς τραπέζης ἄρας καὶ εἰπεῖν ἀκουόντων πάντων· »Εὐωχοῦ, Τίβειε.«

καὶ ὀψωνῶν δὲ ὑπομιμνήσκειν τὸν κρεοπώλην, εἴ τι χρήσιμος αὐτῷ γέγονε, καὶ ἑστηκὼς πρὸς τῷ σταθμῷ μάλιστα μὲν κρέας, εἰ δὲ μή, ὀστοῦν εἰς τὸν ζωμὸν ἐμβαλεῖν, καὶ ἐὰν μὲν λάβῃ, εὖ ἔχει, εἰ δὲ μή, ἁρπάσας ἀπὸ τῆς τραπέζης χολίκιον ἅμα γελῶν ἀπαλλάττεσθαι.

καὶ ξένοις δὲ αὑτοῦ θέαν ἀγοράσας μὴ δοὺς τὸ μέρος ⟨συν⟩θεωρεῖν, ἄγειν δὲ καὶ τοὺς υἱοὺς εἰς τὴν ὑστεραίαν καὶ τὸν παιδαγωγόν.

καὶ ὅσα ἐωνημένος ἄξιά τις φέρει, μεταδοῦναι κελεῦσαι καὶ αὑτῷ.

καὶ ἐπὶ τὴν ἀλλοτρίαν οἰκίαν ἐλθὼν δανείζεσθαι κριθάς, ποτὲ ⟨δὲ⟩ ἄχυρα, καὶ ταῦτα ⟨τοὺς⟩ χρήσαντας ἀναγκάσαι ἀποφέρειν πρὸς αὑτόν.

9 DER UNVERSCHÄMTE

Der Tagesverlauf eines Unverschämten spielt sich etwa folgendermaßen ab: Zuerst sucht er einen Mitbürger auf, dem er (die schuldige Rückzahlung eines bereits bestehenden Darlehens) vorenthält, um ausgerechnet von ihm erneut ein Darlehen zu erbitten, dann ⟨........⟩

speist er bei einer Opferfeier für die Götter am Tisch eines anderen Teilnehmers mit, nachdem er das (für ihn bestimmte) Fleisch mit Salz bestreut und beiseite gelegt hat; (im weiteren Verlauf) ruft er seinen Sklaven herbei, nimmt Fleisch und Brot vom Tisch, gibt es ihm und sagt so laut, dass es alle hören können: »Lass es dir schmecken, Tibeios!«

Beim Einkauf erinnert er den Metzger daran, dass er ihm einmal nützlich war, und stellt sich dann an die Waage, um möglichst noch ein Stück Fleisch oder jedenfalls einen Knochen für die Suppe dazuzuwerfen – schafft er es, dann gut, wenn nicht, greift er sich ein Därmchen vom Tisch und räumt dann lachend das Feld.

Hat er für auswärtige Gäste Theaterkarten besorgt, geht er selbst mit in die Vorstellung, ohne Eintritt zu zahlen; und am nächsten Tag nimmt er auch noch seine Kinder und den Pädagogen mit.

Trägt jemand Sachen, die er für einen günstigen Preis eingekauft hat, fordert er ihn auf, ihm davon (etwas) abzugeben.

Hilft er persönlich auf einem fremden Hof mit Gerste, manchmal gar mit Spreu aus, zwingt er die Nutznießer, (eine entsprechende Menge) dann bei ihm auch wieder abzuliefern.

δεινὸς δὲ καὶ πρὸς τὰ χαλκία τὰ ἐν τῷ βαλανείῳ προσελθεῖν καὶ βάψας ἀρύταιναν βοῶντος τοῦ βαλανέως αὐτὸς αὑτοῦ καταχέασθαι καὶ εἰπεῖν, ὅτι »Λέλουται.« ἀπιὼν κἀκεῖ· »Οὐδεμία σοι χάρις.«

Es ist auch seine Eigenart, zu den Warmwasserbehältern im Bad zu gehen, mit der Kelle selber Wasser daraus zu schöpfen und es sich unter Protest des Bademeisters überzugießen; im Weitergehen sagt er dann: »Ich habe (schon) gebadet!« und schließlich: »Trinkgeld gibt's nicht!«

10 ΜΙΚΡΟΛΟΓΟΣ

Ὁ δὲ μικρολόγος τοιοῦτός τις, οἷος ἐν τῷ μηνὶ ἡμιωβέλιον ἀπαιτεῖν ἐπὶ τὴν οἰκίαν.

καὶ [ὁ] συσσιτῶν ἀριθμεῖν τὰς κύλικας, πόσας ἕκαστος πέπωκε, καὶ ἀπάρχεσθαι ἐλάχιστον τῇ Ἀρτέμιδι τῶν συνδειπνούντων·

καὶ ὅσα μικροῦ τις πριάμενος λογίζεται, ⟨...⟩ πάντα φάσκων εἶναι.

καὶ οἰκέτου χύτραν [εἶναι] ἢ λοπάδα κατάξαντος εἰσπρᾶξαι ἀπὸ τῶν ἐπιτηδείων.

καὶ τῆς γυναικὸς ἐκβαλούσης τρίχαλκον [οἷος] μεταφέρειν τὰ σκεύη καὶ τὰς κλίνας καὶ τὰς κιβωτοὺς καὶ διφᾶν τὰ καλλύσματα.

καὶ ἐάν τι πωλῇ, τοσούτου ἀποδόσθαι, ὥστε μὴ λυσιτελεῖν τῷ πριαμένῳ.

καὶ οὐκ ἂν ἐᾶσαι οὔτε συκοτραγῆσαι ἐκ τοῦ αὑτοῦ κήπου οὔτε διὰ τοῦ αὑτοῦ ἀγροῦ πορευθῆναι οὔτε ἐλάαν ἢ φοίνικα τῶν χαμαὶ πεπτωκότων ἀνελέσθαι.

καὶ τοὺς ὅρους δ' ἐπισκοπεῖσθαι ὁσημέραι, εἰ διαμένουσιν οἱ αὐτοί.

δεινὸς δὲ καὶ ὑπερημερίαν πρᾶξαι καὶ τόκον τόκου.

καὶ ἑστιῶν δημότας μικρὰ τὰ κρέα κόψας παραθεῖναι.

καὶ ὀψωνῶν μηθὲν πριάμενος εἰσελθεῖν.

10 DER KLEINLICHE

Der Kleinliche verhält sich so: Einen geliehenen halben Obolos will er in *einem* Monat zurückhaben, und zwar soll der Schuldner ihn dann pünktlich zu ihm ins Haus bringen.

Bei einem Festmahl zählt er die Becher, die ein jeder getrunken hat, und sein Opfer an Artemis zu Beginn der Feier ist das kleinste aller Mitspeisenden.

Hat jemand Sachen zu einem günstigen Preis für ihn eingekauft und rechnet es vor, sagt *er*, das sei doch alles ⟨........⟩.

Wenn ein Haussklave einen Topf oder eine Schüssel zerbrochen hat, verringert er zur Strafe seine Tagesration.

Hat seine Frau ein Trichalkon verloren, schiebt er Einrichtungsgegenstände, Sofas und Truhen umher und durchwühlt die Vorhänge auf der Suche danach.

Verkauft er etwas, setzt er den Preis so hoch an, dass der Käufer dadurch keinen Profit hat.

Er lässt es nicht zu, dass jemand Feigen aus seinem Garten stibitzt oder über sein Feld geht oder eine auf seinem Grundstück heruntergefallene Olive oder Dattel aufsammelt.

Jeden Tag prüft er, ob sich die Grenzsteine seines Grundstücks noch alle an ihrem Platz befinden.

Er hat die Eigenart, Überschreitungsgebühren einzutreiben und einen Zinseszins aufzuerlegen.

Gibt er ein Essen für die Nachbarn aus dem Demos, serviert er ihnen das Fleisch in ganz mickrigen Scheiben.

Er bringt es fertig, vom Einkaufsgang zurückzukehren, ohne irgendetwas gekauft zu haben.

καὶ ἀπαγορεῦσαι τῇ γυναικὶ μήτε ἅλας χρηννύειν μήτε ἐλλύχνιον μήτε κύμινον μήτε ὀρίγανον μήτε ὀλὰς μήτε στέμματα μήτε θυλήματα, ἀλλὰ λέγειν, ὅτι τὰ μικρὰ ταῦτα πολλά ἐστι τοῦ ἐνιαυτοῦ.

Er verbietet seiner Frau, bei den Nachbarn mit Salz, Lampendochten, Kümmel, Oregano, Opferschrot, Kränzen oder Opferkuchen auszuhelfen, sondern sagt, dass sich diese kleinen Dinge im Jahr sonst zu sehr summieren würden.

11 ΒΔΕΛΥΡΟΣ

Ὁ δὲ βδελυρὸς τοιοῦτός ⟨τις⟩, οἷος ἀπαντήσας γυναιξὶν ἐλευθέραις ἀνασυράμενος δεῖξαι τὸ αἰδοῖον.

καὶ ἐν θεάτρῳ κροτεῖν, ὅταν οἱ ἄλλοι παύωνται, καὶ συρίττειν, οὓς ἡδέως θεωροῦσιν οἱ πολλοί· καὶ ὅταν σιωπήσῃ τὸ θέατρον, ἀνακύψας ἐρυγεῖν, ἵνα τοὺς καθημένους ποιήσῃ μεταστραφῆναι.

καὶ πληθούσης τῆς ἀγορᾶς προσελθὼν πρὸς τὰ κάρυα ἢ τὰ μύρτα ἢ τὰ ἀκρόδρυα ἑστηκὼς τραγηματίζεσθαι, ἅμα τῷ πωλοῦντι προσλαλῶν.

καὶ καλέσαι δὲ τῶν παριόντων ὀνομαστί τινα, ᾧ μὴ συνήθης ἐστί.

καὶ σπεύδοντας δέ ποι ὁρῶν ⟨περιμεῖναι κελεῦσαι⟩.

καὶ ἡττημένῳ δὲ μεγάλην δίκην ἀπιόντι ἀπὸ τοῦ δικαστηρίου προσελθεῖν καὶ συνησθῆναι.

καὶ ὀψωνεῖν ἑαυτῷ καὶ αὐλητρίδας μισθοῦσθαι καὶ δεικνύειν δὲ τοῖς ἀπαντῶσι τὰ ὠψωνημένα καὶ παρακαλεῖν ἐπὶ ταῦτα.

καὶ διηγεῖσθαι προσστὰς πρὸς κουρεῖον ἢ μυροπώλιον, ὅτι μεθύσκεσθαι μέλλει.

11 DER FLEGEL

Der Flegel macht Sachen wie die folgenden: Im Angesicht vornehmer Damen, die ihm entgegenkommen, hebt er seinen Mantel hoch, um seine Blöße zu zeigen.

Im Theater klatscht er Beifall, wenn die anderen Zuschauer gerade ruhig sind, und zischt Schauspieler aus, deren Spiel allgemein Beifall findet; und ist es einmal ganz still geworden im Zuschauerrund, hebt er seinen Kopf und rülpst, um die Umsitzenden zu veranlassen, sich (nach ihm) umzudrehen.

Wenn sich (morgens) der Markt füllt, steht er an den Nuss-, Myrten- und Obstständen und nascht von den Auslagen, dabei unterhält er sich mit dem Verkäufer.

Er ruft einen Vorübergehenden mit Namen, obwohl er mit ihm nicht bekannt ist.

Sieht er Leute, die irgendwohin eilen, ⟨fordert er sie auf zu warten⟩.

Einem Mann, der gerade das Gericht verlässt, wo er einen Prozess, in dem es um viel ging, verloren hat, tritt er entgegen – und gratuliert ihm!

Hat er für sich selbst eingekauft und Flötenspielerinnen angeheuert, zeigt er den Entgegenkommenden seine Einkäufe – und lädt sie dazu (also zum Essen) ein!

Er stellt sich an einen Friseurladen oder eine Parfümerie und sagt, dass er sich gleich betrinken werde.

12 ΑΚΑΙΡΟΣ

Ὁ δὲ ἄκαιρος τοιοῦτός τις, οἷος ἀσχολουμένῳ προσελθὼν ἀνακοινοῦσθαι.

καὶ πρὸς τὴν αὑτοῦ ἐρωμένην κωμάζειν πυρέττουσαν.

καὶ δίκην ὠφληκότα ἐγγύης προσελθὼν κελεῦσαι αὑτὸν ἀναδέξασθαι.

καὶ μαρτυρήσων παρεῖναι τοῦ πράγματος ἤδη κεκριμένου.

καὶ κεκλημένος εἰς γάμους τοῦ γυναικείου γένους κατηγορεῖν.

καὶ ἐκ μακρᾶς ὁδοῦ ἥκοντα ἄρτι παρακαλεῖν εἰς περίπατον.

δεινὸς δὲ καὶ προσάγειν ὠνητὴν πλείω διδόντα ἤδη πεπρακότι.

καὶ ἀκηκοότας καὶ μεμαθηκότας ἀνίστασθαι ἐξ ἀρχῆς διδάσκων.

καὶ προθύμως δὲ ἐπιμεληθῆναι, ἃ μὴ βούλεταί τις γενέσθαι, αἰσχύνεται δὲ ἀπείπασθαι.

καὶ θύοντας καὶ ἀναλίσκοντας ἥκειν τόκον ἀπαιτήσων.

καὶ μαστιγουμένου οἰκέτου παρεστὼς διηγεῖσθαι, ὅτι καὶ αὑτοῦ ποτε παῖς οὕτω πληγὰς λαβὼν ἀπήγξατο.

12 DER TAKTLOSE

Das Verhalten des Taktlosen stellt sich folgendermaßen dar: Er geht einen Bekannten, der gerade mit etwas beschäftigt ist und keine Zeit hat, um Rat an.

Er macht seiner Geliebten ein Ständchen, wenn sie fieberkrank ist.

Einen anderen Bekannten bittet er, für ihn eine Bürgschaft zu übernehmen, obwohl dieser gerade zu einer Bürgschaftszahlung verurteilt worden ist.

Er erscheint zur Zeugenaussage, nachdem der Prozess bereits entschieden ist.

Bei Hochzeitseinladungen zieht er mit Schimpftiraden über das weibliche Geschlecht her.

Er lädt einen Mitbürger zum Spaziergang ein, der gerade von einer langen Wanderung heimgekommen ist.

Er kann es nicht unterlassen, einem weiteren Bekannten einen Kaufwilligen vorzustellen, der einverstanden gewesen wäre, einen höheren Betrag zu zahlen, als der Bekannte (für die in Frage stehende Sache) bereits bekommen hat.

In einer Versammlung steht er auf, um den Teilnehmern alles, was sie bereits gehört und verstanden haben, noch einmal von vorne zu erzählen.

Er kümmert sich bereitwillig um Dinge, die man gar nicht wünscht und ihm nur nicht untersagen möchte.

Er geht zu Leuten, die ein Opfer darbringen und dann den Opferschmaus halten – und fordert den Zins für ein Darlehen ein.

Wird irgendwo gerade ein Haussklave ausgepeitscht, stellt er sich dazu und erzählt, dass sich einmal einer seiner Sklaven nach einer solchen Züchtigung erhängt habe.

καὶ παρὼν διαίτῃ συγκρούειν ἀμφοτέρων βουλομένων διαλύεσθαι.

καὶ ὀρχησόμενος ἅψασθαι ἑτέρου μηδέπω μεθύοντος.

Als Richter in einem Schiedsgerichtsverfahren versucht er, die Prozessgegner gegeneinander aufzubringen, obwohl beide schon zu einer Einigung bereit sind.

Er greift sich einen zum Tanz, der noch nüchtern ist.

13 ΠΕΡΙΕΡΓΟΣ

Ὁ δὲ περίεργος τοιοῦτός τις, ⟨οἷος⟩ ἐπαγγέλλεσθαι ἀναστάς, ἃ μὴ δυνήσεται.

καὶ ὁμολογουμένου τοῦ πράγματος δικαίου εἶναι ἐντείνας ἐλεγχθῆναι.

καὶ πλείω δὲ ἐπαναγκάσαι τὸν παῖδα κεράσαι ἢ ὅσα δύνανται οἱ παρόντες ἐκπιεῖν.

καὶ διείργειν τοὺς μαχομένους, καὶ οὓς οὐ γιγνώσκει.

καὶ ἀτραπὸν ἡγήσασθαι, εἶτα μὴ δύνασθαι εὑρεῖν, οἷ πορεύεται.

καὶ τὸν στρατηγὸν προσελθὼν ἐρωτῆσαι, πότε μέλλει παρατάττεσθαι καὶ τί μετὰ τὴν αὔριον παραγγελεῖ.

καὶ προσελθὼν τῷ πατρὶ εἰπεῖν, ὅτι ἡ μήτηρ ἤδη καθεύδει ἐν τῷ δωματίῳ.

καὶ ἀπαγορεύοντος τοῦ ἰατροῦ, ὅπως μὴ δώσει οἶνον τῷ μαλακιζομένῳ, φήσας βούλεσθαι διάπειραν λαμβάνειν, εὖ ποτίσαι τὸν κακῶς ἔχοντα.

καὶ γυναικὸς δὲ τελευτησάσης ἐπιγράψαι ἐπὶ τὸ μνῆμα τοῦ τε ἀνδρὸς αὐτῆς καὶ τοῦ πατρὸς καὶ τῆς μητρὸς καὶ αὐτῆς ⟨τῆς⟩ γυναικὸς τοὔνομα καὶ ποδαπή ἐστι καὶ προσεπιγράψαι, ὅτι πάντες οὗτοι χρηστοὶ ἦσαν.

καὶ ὀμνύναι μέλλων εἰπεῖν πρὸς τοὺς περιεστηκότας, ὅτι »Καὶ πρότερον πολλάκις ὀμώμοκα.«

13 DER ÜBEREIFRIGE

Der Übereifrige verhält sich so: (In einer Versammlung) steht er auf und verspricht etwas, wozu er nicht in der Lage ist.

Wenn alle anderen der Meinung sind, dass ein bestimmter Rechtsstandpunkt in einem Prozess gut begründet sei, vertritt er die Gegenposition – und verliert!

(Bei einer Festlichkeit) zwingt er den Sklaven, mehr Wein zu mischen, als die Anwesenden verkraften können.

Er versucht, Leute von einem Streit abzubringen, auch wenn er sie nicht kennt.

Er übernimmt die Führung für eine Wegabkürzung, findet sie dann aber nicht.

Im Krieg wendet er sich an den Strategen, um ihn zu fragen, wann er den Befehl zur Kampfaufstellung geben werde und welche Instruktionen er für übermorgen vorsehe.

Er geht eigens zu seinem Vater, um ihm zu sagen, dass sich die Mutter schon schlafen gelegt habe im Schlafzimmer.

Obwohl es der Arzt verboten hat, einem Kranken Wein zu geben, sagt er, einen Versuch machen zu wollen, und lässt den Leidenden eine Menge Wein trinken.

Auf den Grabstein einer verstorbenen Frau setzt er den Namen des Vaters, der Mutter und ihren eigenen samt Herkunftsangabe und fügt noch hinzu, dass das alles hervorragende Leute gewesen seien.

Vor einer Eidesleistung sagt er zu den Umstehenden: »Ich habe auch früher schon oft geschworen!«

14 ΑΗΑΙΣΘΗΤΟΣ

Ὁ δὲ ἀναίσθητος τοιοῦτός τις, οἷος λογισάμενος ταῖς ψήφοις καὶ κεφάλαιον ποιήσας ἐρωτᾶν τὸν παρακαθήμενον· »Τί γίγνεται;«

καὶ δίκην φεύγων καὶ ταύτην εἰσιέναι μέλλων ἐπιλαθόμενος εἰς ἀγρὸν πορεύεσθαι.

καὶ θεωρῶν ἐν τῷ θεάτρῳ μόνος καταλείπεσθαι καθεύδων.

καὶ πολλὰ φαγὼν τῆς νυκτὸς [καὶ] ἐπὶ θᾶκον ἀνιστάμενος ὑπὸ τῆς τοῦ γείτονος κυνὸς δηχθῆναι.

καὶ λαβών ⟨τι⟩ καὶ ἀποθεὶς αὐτὸς τοῦτο ζητεῖν καὶ μὴ δύνασθαι εὑρεῖν.

καὶ ἀπαγγελθέντος αὐτῷ, ὅτι τετελεύτηκέ τις αὐτοῦ τῶν φίλων, ἵνα παραγένηται, σκυθρωπάσας καὶ δακρύσας εἰπεῖν· »Ἀγαθῇ τύχῃ.«

δεινὸς δὲ καὶ ἀπολαμβάνων ἀργύριον ὀφειλόμενον μάρτυρας παραλαβεῖν.

καὶ χειμῶνος ὄντος μάχεσθαι τῷ παιδί, ὅτι σικύους οὐκ ἠγόρασεν.

καὶ τὰ παιδία ἑαυτῷ παλαίειν ἀναγκάζων καὶ τροχάζειν [καὶ] εἰς κόπον ἐμβαλεῖν.

καὶ ἐν ἀγρῷ αὐτοῖς φακῆν ἕψων δὶς ἅλας εἰς τὴν χύτραν ἐμβαλὼν ἄβρωτον ποιῆσαι.

καὶ ὕοντος τοῦ Διὸς εἰπεῖν· »Ἡδύ γε τῶν ἄστρων ὄζει«, ὅτε δὴ καὶ οἱ ἄλλοι λέγουσι »τῆς γῆς«.

14 DER ZERSTREUTE

Zum Verhalten des Zerstreuten hier die folgende Schilderung: Hat er mit Rechensteinen eine Summe gebildet, pflegt er den neben ihm Sitzenden anschließend zu fragen: »Was kommt raus?«

Soll er als Angeklagter vor Gericht erscheinen, vergisst er den Termin und geht (statt ins Gericht) aufs Land.

Nach einer Theatervorstellung bleibt er als Einziger sitzen – weil er eingeschlafen ist!

Wenn er nachts aufsteht und auf die Toilette geht, weil er zu viel gegessen hat, passiert es ihm, dass er vom Nachbarhund gebissen wird.

Eine Sache, die er irgendwann geschenkt bekommen und selbst weggelegt hat, sucht er später – und kann sie nicht finden!

Überbringt ihm jemand die Nachricht, dass einer seiner Freunde gestorben sei, und lädt ihn zur Begräbnisfeier ein, macht er ein trauriges Gesicht, fängt an zu weinen und sagt unter Tränen zu ihm: »Alles Gute!«

Er bringt es fertig, Zeugen hinzuzuziehen, wenn er eine ihm geschuldete Geldsumme zurückbekommt.

Im Winter schimpft er mit dem Sklaven, weil der keine Gurken gekauft habe.

Seine Kinder zwingt er, Ringkämpfe und Wettläufe mit ihm abzuhalten, bis sie völlig erschöpft sind.

Während der Feldarbeit übernimmt er es (einmal) selbst, für seine Leute die Linsensuppe zu kochen, – und schüttet zweimal Salz in den Topf, so dass sie ungenießbar wird!

Wenn Zeus es regnen lässt, sagt er: »Süß duftet es von den Sternen«, wo man sonst von der Erde spricht.

καὶ λέγοντός τινος· »Πόσους οἴει κατὰ τὰς Ἱερὰς πύλας ἐξενηνέχθαι νεκρούς;« πρὸς τοῦτον εἰπεῖν· »Ὅσοι ἐμοὶ καὶ σοὶ γένοιντο.«

Fragt ihn jemand: »Wie viele Tote, glaubst du, sind durch das Heilige Tor hinausgetragen worden zum Begräbnis?«, antwortet er ihm: »So viele, wie ich mir und dir wünsche.«

15 ΑΥΘΑΔΗΣ

Ὁ δὲ αὐθάδης τοιοῦτός τις, οἷος ἐρωτηθείς· »Ὁ δεῖνα ποῦ ἐστιν;« εἰπεῖν· »Πράγματά μοι μὴ πάρεχε.«

καὶ προσαγορευθεὶς μὴ ἀντιπροσειπεῖν.

⟨καὶ⟩ πωλῶν τι μὴ λέγειν τοῖς ὠνουμένοις, πόσου ἂν ἀποδοῖτο, ἀλλ᾽ ἐρωτᾶν· »Τί εὑρίσκει;«

καὶ τοῖς τιμῶσι καὶ πέμπουσιν εἰς τὰς ἑορτὰς εἰπεῖν, ὅτι οὐκ ἂν γένοιτο διδόμενα.

καὶ οὐκ ἔχειν συγγνώμην οὔτε τῷ ἀπώσαντι αὐτὸν ἀκουσίως [οὔτε τῷ ὤσαντι] οὔτε τῷ ἐμβάντι.

καὶ φίλῳ δὲ ἔρανον κελεύσαντι εἰσενεγκεῖν εἴπας, ὅτι οὐκ ἂν δοίη, ὕστερον ἥκειν φέρων καὶ λέγειν, ὅτι ἀπόλλυσι καὶ τοῦτο τὸ ἀργύριον.

καὶ προσπταίσας ἐν τῇ ὁδῷ δεινὸς καταράσασθαι τῷ λίθῳ.

καὶ οὐκ ἂν ὑπομεῖναι πολὺν χρόνον οὐθένα.

καὶ οὔτε ᾆσαι οὔτε ῥῆσιν εἰπεῖν οὔτε ὀρχήσασθαι ἂν ἐθελῆσαι.

δεινὸς δὲ καὶ τοῖς θεοῖς μὴ ἐπεύχεσθαι.

15 DER GRANTLER

Der Grantler verhält sich folgendermaßen: Fragt ihn jemand: »Wo ist *der* und *der*?«, antwortet er: »Lass mich in Ruhe!«

Oder er gibt gar keine Antwort, wenn ihn jemand anspricht.

Will er etwas verkaufen, sagt er den Interessenten nicht, für welchen Preis, sondern fragt vielmehr: »Was kriege ich dafür?«

Freunden und Bekannten, die ihm anlässlich eines Fests einen Gruß entrichten und eine Portion des Festessens schicken, lässt er mitteilen, dass sie ja keine Gegengabe erwarten sollen.

Er übt keine Nachsicht mit einem, der ihn aus Versehen gestoßen hat oder ihm auf den Fuß getreten ist.

Bittet ihn ein Freund, einen Leihbeitrag zu leisten, antwortet er zuerst, dass er ihm nichts geben wolle, geht dann später aber doch zu ihm hin, um den Betrag zu überbringen, freilich nicht ohne zu erwähnen, dass er nun also auch dieses Geld verliere.

Wenn er sich auf dem Weg an einem Stein stößt, pflegt er diesen zu verfluchen.

Er könnte niemanden lange ertragen.

Er mag nicht singen, eine Rede halten oder tanzen (auf einem Fest).

Und es liegt ihm fern, zu den Göttern zu beten.

16 ΔΕΙΣΙΔΑΙΜΩΝ

Ὁ δὲ δεισιδαίμων τοιοῦτός τις, οἷος ἀπὸ ⟨τριῶν⟩ κρηνῶν ἀπονιψάμενος τὰς χεῖρας καὶ περιρρανάμενος ἀπὸ ἱεροῦ δάφνην εἰς τὸ στόμα λαβὼν οὕτω τὴν ἡμέραν περιπατεῖν.

καὶ τὴν ὁδὸν ἐὰν παραδράμῃ γαλῆ, μὴ πρότερον πορευθῆναι, ἕως ⟨ἂν⟩ διεξέλθῃ τις ἢ λίθους τρεῖς ὑπὲρ τῆς ὁδοῦ διαβάλῃ.

καὶ ἐπὰν ἴδῃ ὄφιν ἐν τῇ οἰκίᾳ, ἐὰν παρείαν, Σαβάζιον καλεῖν, ἐὰν δὲ ἱερόν, ἐνταῦθα ἡρῷον εὐθὺς ἱδρύσασθαι.

καὶ τῶν λιπαρῶν λίθων τῶν ἐν ταῖς τριόδοις παριὼν ἐκ τῆς ληκύθου ἔλαιον καταχεῖν καὶ ἐπὶ γόνατα πεσὼν καὶ προσκυνήσας ἀπαλλάττεσθαι.

καὶ ἐὰν μῦς θύλακον ἀλφίτων διαφάγῃ, πρὸς τὸν ἐξηγητὴν ἐλθὼν ἐρωτᾶν, τί χρὴ ποιεῖν· καὶ ἐὰν ἀποκρίνηται αὐτῷ ἐκδοῦναι τῷ σκυτοδέψῃ ἐπιρράψαι, μὴ προσέχειν τούτοις, ἀλλ' ἀποτροπαίοις ἐκθύσασθαι.

καὶ πυκνὰ δὲ τὴν οἰκίαν καθᾶραι δεινός, Ἑκάτης φάσκων ἐπαγωγὴν γεγονέναι.

κἂν γλαῦκες βαδίζοντος αὐτοῦ ⟨ἀνακράγωσι⟩, ταράττεσθαι καὶ εἴπας· »Ἀθηνᾶ κρείττων« παρελθεῖν οὕτω.

16 DER ABERGLÄUBISCHE

Der Abergläubische benimmt sich etwa wie folgt: Er wäscht sich die Hände an drei Quellen und besprengt sich mit Weihwasser von einem Heiligtum; dann nimmt er ein Lorbeerblatt in den Mund und geht den ganzen Tag damit herum.

Wenn ihm ein Wiesel über den Weg läuft, muss erst ein anderer Passant diese Stelle durchschritten oder er selbst drei Steine über den Weg geworfen haben, ehe er weitergeht.

Beim Anblick einer Schlange in seinem Haus ruft er Sabazios an, wenn es eine Backenschlange ist, ist es dagegen eine heilige, errichtet er sogleich ein Heroon an der Stelle.

Kommt er an den ölbegossenen Steinen bei den Kreuzungen vorbei, gießt er Öl aus seinem Fläschchen darüber und geht erst weiter, nachdem er auf die Knie gefallen ist und die Geste der Anbetung (Proskynese) vollzogen hat.

Wenn eine Maus ein Loch in einen Sack voll Gerstenmehl gebissen hat, wendet er sich an einen Exegeten, um zu fragen, was er tun solle, und antwortet dieser, er solle den Sack zum Sattler bringen, damit der ihn flicke, hört er nicht darauf, sondern geht davon und bringt ein Opfer dar, das Unheil abwehren soll.

Eine seiner Eigenheiten ist es, in kurzen Abständen immer wieder sein Haus zu reinigen – mit der Begründung, es liege ein Zauber der Hekate darauf.

Schreien Eulen auf seinem Weg, gerät er in Unruhe und sagt: »Athena ist stärker!«, ehe er weitergeht.

καὶ οὔτε ἐπιβῆναι μνήματι οὔτ᾽ ἐπὶ νεκρὸν οὔτ᾽ ἐπὶ λεχὼ ἐλθεῖν ἐθελῆσαι, ἀλλὰ τὸ μὴ μιαίνεσθαι συμφέρον αὑτῷ φῆσαι εἶναι.

καὶ ταῖς τετράσι δὲ καὶ ἑβδόμαις προστάξας οἶνον ἕψειν τοῖς ἔνδον, ἐξελθὼν ἀγοράσαι μυρσίνας, λιβανωτόν, πόπανα καὶ εἰσελθὼν εἴσω στεφανοῦν τοὺς Ἑρμαφροδίτους ὅλην τὴν ἡμέραν.

καὶ ὅταν ἐνύπνιον ἴδῃ, πορεύεσθαι πρὸς τοὺς ὀνειροκρίτας, πρὸς τοὺς μάντεις, πρὸς τοὺς ὀρνιθοσκόπους ἐρωτήσων, τίνι θεῶν ἢ θεᾷ προσεύχεσθαι δεῖ.

καὶ τελεσθησόμενος πρὸς τοὺς Ὀρφεοτελεστὰς κατὰ μῆνα πορεύεσθαι μετὰ τῆς γυναικός (ἐὰν δὲ μὴ σχολάζῃ ἡ γυνή, μετὰ τῆς τίτθης) καὶ τῶν παιδίων.

[καὶ τῶν περιρραινομένων ἐπὶ θαλάττης ἐπιμελῶς δόξειεν ἂν εἶναι.]

κἄν ποτε ἐπίδῃ σκορόδῳ ἐστεμμένον τῶν ἐπὶ ταῖς τριόδοις ⟨...⟩, ἀπελθὼν κατὰ κεφαλῆς λούσασθαι καὶ ἱερείας καλέσας σκίλλῃ ἢ σκύλακι κελεῦσαι αὐτὸν περικαθᾶραι.

⟨καὶ⟩ μαινόμενον δὲ ἰδὼν ἢ ἐπίληπτον φρίξας εἰς κόλπον πτύσαι.

Er weigert sich, ein Grabmal zu betreten, einen Leichnam zu beschauen oder eine Wöchnerin zu besuchen, sondern behauptet, dass dies (also seine Abstinenz) ihm helfe, sich nicht zu verunreinigen.

An jedem Vierten und Siebten eines Monats ordnet er beim Hausgesinde an, eine bestimmte Menge Wein zu kochen, und macht sich dann selbst auf den Weg, um Myrten, Weihrauch und Kuchen zu kaufen; nach der Rückkehr bekränzt er den ganzen Tag die Hermaphroditen.

Wenn er einen Traum hatte, wendet er sich an die Traumdeuter, Wahrsager und Vogelschauer, um zu fragen, zu welchem Gott oder welcher Göttin er beten solle.

Jeden Monat geht er zu den Orpheotelesten, um sich rituell reinigen zu lassen, begleitet von seiner Frau (wenn sie keine Zeit hat, von der Amme) und den Kindern.

Er gehört wohl zu denen, die sich am Meer sorgfältig mit Wasser besprengen.

Trifft er einen mit Knoblauch Bekränzten, wie sie sich an Kreuzungen einzufinden pflegen, geht er schnell fort, wäscht sich von Kopf bis Fuß, bestellt Priesterinnen und lässt sich mit einer Meerzwiebel oder einem jungen Hund reinigen.

⟨Und⟩ sieht er einen Geisteskranken oder Epileptiker, schrickt er zusammen und spuckt sich in den Gewandbausch.

17 ΜΕΜΨΙΜΟΙΡΟΣ

Ὁ δὲ μεμψίμοιρος τοιόσδε τις, οἷος ἀποστείλαντος μερίδα τοῦ φίλου εἰπεῖν πρὸς τὸν φέροντα· »Ἐφθόνησέ μοι τοῦ ζωμοῦ καὶ τοῦ οἰναρίου οὐκ ἐπὶ δεῖπνον καλέσας.«

καὶ ὑπὸ τῆς ἑταίρας καταφιλούμενος εἰπεῖν· »Θαυμάζω, εἰ σὺ καὶ ἀπὸ τῆς ψυχῆς οὕτω με φιλεῖς.«

καὶ τῷ Διὶ ἀγανακτεῖν, οὐ διότι ὕει, ἀλλὰ διότι ὕστερον.

καὶ εὑρὼν ἐν τῇ ὁδῷ βαλλάντιόν τι εἰπεῖν· »Ἀλλ᾽ οὐ θησαυρὸν ηὕρηκα οὐδέποτε.«

καὶ πριάμενος ἀνδράποδον ἄξιον καὶ πολλὰ δεηθεὶς τοῦ πωλοῦντος· »Θαυμάζω«, εἰπεῖν, »εἴ τι ὑγιὲς οὕτως ἄξιον ἐώνημαι.«

καὶ πρὸς τὸν εὐαγγελιζόμενον, ὅτι »Ὑιός σοι γέγονεν«, εἰπεῖν, ὅτι »Ἂν προσθῇς· ›Καὶ τῆς οὐσίας τὸ ἥμισυ ἄπεστιν‹, ἀληθῆ ἐρεῖς.«

καὶ δίκην νικήσας καὶ λαβὼν πάσας τὰς ψήφους ἐγκαλεῖν τῷ γράψαντι τὸν λόγον ὡς πολλὰ παραλελοιπότι τῶν δικαίων.

καὶ ἐράνου εἰσενεχθέντος παρὰ τῶν φίλων καὶ φήσαντός τινος· »Ἱλαρὸς ἴσθι«, »Καὶ πῶς;« εἰπεῖν »Ὅτι δεῖ τἀργύριον ἀποδοῦναι ἑκάστῳ καὶ χωρὶς τούτων χάριν ὀφείλειν, ὡς ηὐεργετημένον;«

17 DER NÖRGLER

Der Nörgler verhält sich wie folgt: Hat ihm ein Freund eine Portion von einem Festessen geschickt, sagt er zu dem Überbringer: »Er hat mich nicht eingeladen, weil er mir die Sauce und den Wein missgönnte.«

Zu einer Hetäre, die ihn gerade küsst, sagt er: »Ich frage mich, ob du mich auch wirklich so von Herzen liebst.«

Er hadert mit Zeus, nicht weil der es regnen lässt, sondern weil der Regen zu spät falle.

Findet er auf dem Weg einen Geldbeutel, sagt er: »Aber einen Schatz habe ich noch nie gefunden!«

Hat er nach langem Handeln mit dem Verkäufer für einen günstigen Preis einen Sklaven erstanden, sagt er: »Ich zweifle, ob gut sein kann, was ich so preiswert gekauft habe.«

Zu dem Überbringer der guten Nachricht, dass er einen Sohn bekommen habe, sagt er: »Wenn du hinzufügst: ›… und die Hälfte deines Vermögens ist dahin‹, sagst du die Wahrheit!«

Hat er einen Prozess gewonnen, und zwar sogar mit einstimmigem Votum der Richter, wirft er gleichwohl dem Verfasser der Verteidigungsrede vor, er habe viele für ihn sprechende Argumente ausgelassen.

Bekommt er einen Leihbeitrag von Freunden und beglückwünscht ihn jemand dazu mit den Worten: »Sei froh!«, entgegnet er: »Warum? Weil ich jedem das Geld zurückgeben muss und ihm darüber hinaus noch Dank schulde, als sei mir eine Wohltat erwiesen?«

18 ΑΠΙΣΤΟΣ

Ὁ δὲ ἄπιστος τοιοῦτός τις, οἷος ἀποστείλας τὸν παῖδα ὀψωνήσοντα ἕτερον παῖδα πέμπειν [τὸν] πευσόμενον, πόσου ἐπρίατο.

καὶ φέρειν αὐτὸς τὸ ἀργύριον καὶ κατὰ στάδιον καθίζων ἀριθμεῖν, πόσον ἐστί.

καὶ τὴν γυναῖκα τὴν αὑτοῦ ἐρωτᾶν κατακείμενος, εἰ κέκλεικε τὴν κιβωτὸν καὶ εἰ σεσήμανται τὸ κυλικεῖον καὶ εἰ ὁ μοχλὸς εἰς τὴν θύραν τὴν αὐλείαν ἐμβέβληται· καὶ ἂν ἐκείνη φῇ, μηδὲν ἧττον αὐτὸς ἀναστὰς γυμνὸς ἐκ τῶν στρωμάτων καὶ ἀνυπόδητος τὸν λύχνον ἅψας ταῦτα πάντα περιδραμὼν ἐπισκέψασθαι καὶ οὕτω μόλις ὕπνου τυγχάνειν.

καὶ τοὺς ὀφείλοντας αὐτῷ ἀργύριον μετὰ μαρτύρων ἀπαιτεῖν τοὺς τόκους, ὅπως μὴ δύνωνται ἔξαρνοι γενέσθαι.

καὶ τὸ ἱμάτιον δὲ ἐκδοῦναι δεινός, οὐχ ὃς ⟨ἂν⟩ βέλτιστα ἐργάσηται, ἀλλ᾽ οὗ ἂν ᾖ ἄξιος ἐγγυητὴς [τοῦ κναφέως].

καὶ ὅταν ἥκῃ τις αἰτησόμενος ἐκπώματα, μάλιστα μὲν μὴ δοῦναι, ἂν δ᾽ ἄρα τις οἰκεῖος ᾖ καὶ ἀναγκαῖος, μόνον οὐ πυρώσας καὶ στήσας καὶ σχεδὸν ἐγγυητὴν λαβὼν χρῆσαι.

καὶ τὸν παῖδα δὲ ἀκολουθοῦντα κελεύειν αὑτοῦ ὄπισθεν μὴ

18 DER MISSTRAUISCHE

Der Misstrauische verhält sich folgendermaßen: Hat er seinen (dafür zuständigen) Sklaven zum Einkaufen geschickt, lässt er ihm einen anderen folgen, der herausbekommen soll, wie viel Geld er (der andere Sklave) dabei ausgegeben hat.

(Auf eigenen Ausgängen) trägt er (der Misstrauische) selbst das Geld und setzt sich nach jedem Stadion (177,6 Meter) hin, um zu zählen, wie viel es ist.

Beim Schlafengehen fragt er seine Frau, ob sie die Geldtruhe verschlossen habe und ob das Büfett versiegelt und die Hoftür verriegelt sei; und obwohl sie es bejaht, steht er nichtsdestoweniger selbst aus seinem Bett auf, zündet eine Lampe an und geht nackt und barfuß überall umher, um dies alles zu kontrollieren – und kommt so fast gar nicht zur Nachtruhe!

Will er von seinen Schuldnern die Zinsen eintreiben, nimmt er Zeugen mit, damit sie ihre Schuld nicht leugnen können.

Er gibt seinen Mantel nicht etwa einem Walker, der ihn am besten bearbeitet, sondern nur einem, der einen zuverlässigen Bürgen stellen kann.

Möchte jemand Trinkbecher von ihm borgen, würde er sie am liebsten überhaupt nicht herausrücken; sieht er sich jedoch dazu gezwungen, weil es ein Angehöriger oder guter Freund ist, macht er auf jeden Fall erst einmal eine Feuerprobe und stellt das Gewicht fest und ist sogar nahe daran, einen Bürgen zu nehmen.

Zu dem Sklaven, der ihn begleitet, sagt er, er solle nicht hinter, sondern vor ihm gehen, damit er (also der Herr)

βαδίζειν, ἀλλ᾽ ἔμπροσθεν, ἵνα φυλάττῃ αὐτόν, μὴ ἐν τῇ ὁδῷ ἀποδρᾷ.

καὶ τοῖς εἰληφόσι τι παρ᾽ αὐτοῦ καὶ λέγουσι· »Πόσου, κατάθου, οὐ γὰρ σχολάζω πω«, εἰπεῖν· »Μηδὲν πραγματεύου· ἐγὼ γάρ, ⟨ἕως⟩ ἂν σὺ σχολάσῃς, συνακολἀουθήσω.«

auf ihn aufpassen kann und er ihm auf dem Weg nicht entläuft.

Zu Leuten, die etwas bei ihm gekauft haben und ihn bitten: »Schreib mir den Betrag an! Ich hab nämlich jetzt keine Zeit!«, sagt er: »Kein Problem! Ich geh mit dir, bis es dir passt!«

19 ΔΥΣΧΕΡΗΣ

Ὁ δὲ δυσχερὴς τοιοῦτός τις, οἷος λέπραν ἔχων καὶ ἀλφὸν καὶ τοὺς ὄνυχας μεγάλους περιπατεῖν καὶ φῆσαι ταῦτα εἶναι αὐτῷ συγγενικὰ ἀρρωστήματα· ἔχειν γὰρ αὐτὰ καὶ τὸν πατέρα καὶ τὸν πάππον καὶ οὐκ εἶναι ῥᾴδιον υἱὸν εἰς τὸ γένος ὑποβάλλεσθαι.

ἀμέλει δὲ δεινὸς καὶ ἕλκη ἔχειν ἐν τοῖς ἀντικνημίοις καὶ προσπταίσματα ἐν τοῖς δακτύλοις καὶ μὴ θεραπεῦσαι, ἀλλ' ἐᾶσαι θηριωθῆναι.

καὶ τὰς μασχάλας δὲ θηριώδεις καὶ δασείας ἔχειν ἄχρι ἐπὶ πολὺ τῶν πλευρῶν καὶ τοὺς ὀδόντας μέλανας καὶ ἐσθιομένους [ὥστε δυσέντευκτος εἶναι καὶ ἀηδής]. [καὶ τὰ τοιαῦτα.]

⟨καὶ⟩ ἐσθίων ἀπομύττεσθαι, θύων ἅμ' ἀδαξᾶσθαι, προσλαλῶν ⟨σίαλον⟩ ἀπορρίπτειν ἀπὸ τοῦ στόματος, ἅμα πίνων προσερυγγάνειν, ἀναπόνιπτος ἐν τοῖς στρώμασι μετὰ τῆς γυναικὸς αὐτοῦ κοιμᾶσθαι, ἐλαίῳ σαπρῷ ἐν βαλανείῳ χρώμενος συφεοῦ ὄζεσθαι.

καὶ χιτωνίσκον παχὺν καὶ ἱμάτιον σφόδρα λεπτὸν καὶ κηλίδων μεστὸν ἀναβαλόμενος εἰς ἀγορὰν ἐξελθεῖν.

⟨...⟩ καὶ εἰς ὀρνιθοσκόπου τῆς μητρὸς ἐξελθούσης βλασφημῆσαι.

καὶ εὐχομένων καὶ σπενδόντων ἐκβαλεῖν τὸ ποτήριον καὶ γελάσαι ὥσπερ ἀστεῖόν τι πεποιηκώς.

19 DER WIDERLICHE

Die Verhaltensart des Widerlichen lässt sich so beschreiben: Er läuft mit leprösen Ausschlägen und Hautflechten und außerdem mit zu langen Fingernägeln herum, behauptet aber, es handle sich dabei um familiär bedingte Mangelkrankheiten; auch sein Vater und Großvater hätten sie nämlich schon gehabt, so dass es in ihrer Familie nun wirklich nicht leicht sei, einen als Sohn unterzuschieben!

Mit Sicherheit hat er Geschwüre an den Schienbeinen und Entzündungen an den Fingern und tut nichts dagegen, sondern lässt sie immer schlimmer werden.

Seine Achselhöhlen sind wie bei einem Tier, er ist dicht behaart bis weit hinunter zu den Hüften, und seine Zähne sind schwarz und zerfressen [so dass es unangenehm ist, ihm zu begegnen; und so weiter].

Auch schnäuzt er sich mit dem Finger beim Essen, kratzt sich während einer Opferhandlung, spuckt einen an, wenn man mit ihm spricht, und rülpst beim Trinken. Er wäscht sich nicht, wenn er ins Bett geht, um mit seiner Frau zu schlafen. Er benutzt ranziges Öl im Bad und stinkt dann so, wie es im Schweinestall stinkt!

Er zieht sich ein zu dickes Unterkleid und einen ganz dünnen Mantel mit Flecken darauf an und erscheint so auf dem Markt.

Wenn seine Mutter zum Vogelschauer geht, stößt er Flüche aus.

Bei einer Gebets- und Opferzeremonie lässt er seinen Trinkbecher fallen und lacht dazu, als sei ihm etwas Lustiges passiert.

καὶ αὐλούμενος δὲ κροτῆσαι ταῖς χερσὶ μόνος τῶν ἄλλων καὶ συντερετίζειν καὶ ἐπιτιμᾶν τῇ αὐλητρίδι, ὅτι οὕτω ταχὺ ἐπαύσατο.

καὶ ἀποπτύσαι δὲ βουλόμενος ὑπὲρ τῆς τραπέζης προσπτύσαι τῷ οἰνοχόῳ.

Wird Flöte gespielt, klatscht er als Einziger in die Hände und pfeift dazu; (am Ende) fragt er die Spielerin vorwurfsvoll, warum sie so schnell aufgehört habe.

Fühlt er den Drang auszuspeien, spuckt er über den Tisch hin den Weinkellner an.

20 ΑΗΔΗΣ

Ὁ δὲ ἀηδὴς τοιοῦτός τις, οἷος ἐγείρειν ἄρτι καθεύδοντα εἰσελθὼν, ἵνα αὐτῷ λαλῇ.

καὶ ἀνάγεσθαι ἤδη μέλλοντας κωλύειν.

καὶ προσελθόντων δεῖσθαι ἐπισχεῖν, ἕως ἂν περιπατήσῃ.

καὶ τὸ παιδίον τῆς τίτθης ἀφελόμενος μασώμενος σιτίζειν αὐτὸς καὶ ὑποκορίζεσθαι ποππύζων καὶ πανουργότερον τοῦ πάππου καλῶν.

καὶ ἐσθίων δὲ ἅμα διηγεῖσθαι, ὡς ἐλλέβορον πιὼν ἄνω καὶ κάτω καθαρθείη καὶ ⟨τοῦ⟩ ζωμοῦ τοῦ παρακειμένου ἐν τοῖς ὑποχωρήμασιν αὐτῷ μελαντέρα ⟨εἴη⟩ ἡ χολή.

καὶ ἐρωτῆσαι δὲ δεινὸς ἐναντίον τῶν οἰκετῶν· »Εἴπ᾽, ὦ μάμμη, ὅτ᾽ ὤδινες καὶ ἔτικτές με, τίς †ἡμέρα†;«

καὶ ὑπὲρ αὐτῆς δὲ λέγειν, ὡς ἡδύ ἐστι καὶ ⟨…⟩, ἀμφότερα δὲ οὐκ ἔχοντα οὐ ῥᾴδιον ἄνθρωπον λαβεῖν.

⟨…⟩ καὶ ὅτι ψυχρὸν ὕδωρ ἐστὶ παρ᾽ αὐτῷ λακκαῖον καὶ [ὡς] κῆπος λάχανα πολλὰ ἔχων καὶ ἁπαλὰ [ὥστε εἶναι ψυχρὸν] καὶ μάγειρος εὖ τὸ ὄψον σκευάζων καὶ ὅτι ἡ οἰκία αὐτοῦ πανδοκεῖόν ἐστι· μεστὴν γὰρ ἀεί· καὶ τοὺς φίλους αὐτοῦ εἶναι τὸν τετρημένον πίθον· εὖ ποιῶν γὰρ αὐτοὺς οὐ δύνασθαι ἐμπλῆσαι.

20 DER UNLEIDLICHE

Wie sich der Unleidliche verhält, lässt sich im Einzelnen so beschreiben: Er geht zu einem gerade Einschlafenden hinein und weckt ihn auf, um mit ihm zu sprechen.

Leute, die eben dabei sind, in See zu stechen, hält er von der Abfahrt ab.

Andere, die mit einem Anliegen zu ihm gekommen sind, bittet er zu warten, bis er spazieren gegangen sei.

Er nimmt sein Kind der Amme ab, kaut ihm vor und füttert es selbst, nennt es unter Schnalzlauten mit Kosenamen und sagt, es sei ein größerer Schlingel als der Papa.

Beim Essen erzählt er, dass er Nieswurz getrunken und ›oben und unten‹ den ganzen Magen- und Darminhalt habe von sich geben müssen und dass die Galle in seinem Stuhlgang schwärzer gewesen sei als die auf dem Tisch stehende Sauce.

Er bringt es fertig, in Gegenwart von Hausbediensteten zu fragen: »Mama, sag mir, als du die Wehen hattest und mich zur Welt brachtest, welcher Tag war das?«

Und er sagt über sie, dass es angenehm sei und 〈........〉, dass es aber nicht leicht sei, einen Menschen zu finden, der nicht beides habe.

〈........〉 und dass das Wasser aus der Zisterne bei seinem Haus kühl sei, in seinem Garten viel zartes Gemüse wachse, der Koch schmackhafte Gerichte zubereite und sein Haus einem Hotel gleichkomme, denn es sei immer voll; seine Freunde seien das (sprichwörtliche) Fass mit durchlöchertem Boden, denn obwohl er sich bemühe, ihnen Gutes zu tun, könne er sie nicht zufriedenstellen.

καὶ ξενίζων δὲ δεῖξαι τὸν παράσιτον αὑτοῦ, ποῖός τίς ἐστι, τῷ συνδειπνοῦντι· καὶ παρακαλῶν δὲ ἐπὶ τοῦ ποτηρίου εἰπεῖν, ὅτι τὸ τέρψον τοὺς παρόντας παρεσκεύασται, καὶ ὅτι αὐτήν, ἐὰν κελεύσωσιν, ὁ παῖς μέτεισι παρὰ τοῦ πορνοβοσκοῦ ἤδη, »ὅπως πάντες ὑπ᾽ αὐτῆς αὐλώμεθα καὶ εὐφραινώμεθα.«

Hat er zum Symposion geladen, deutet er während des Essens (im Gespräch mit) dem neben ihm Speisenden auf seinen Parasiten hin – was das doch für ein toller Typ sei! Und wenn er (dann) zum Trinken auffordert, fügt er hinzu, dass für das Amüsement der Anwesenden bereits gesorgt sei, nämlich dass der Sklave *sie* (die Hetäre), wenn sie es wünschten, umgehend beim Bordellwirt abholen werde, »damit wir alle ihrem Flötenspiel lauschen und uns erfreuen«!

21 ΜΙΚΡΟΦΙΛΟΤΙΜΟΣ

Ὁ δὲ μικροφιλότιμος τοιοῦτός τις, οἷος σπουδάσαι ἐπὶ δεῖπνον κληθεὶς παρ' αὐτὸν τὸν καλέσαντα κατακείμενος δειπνῆσαι.

καὶ τὸν υἱὸν ἀποκεῖραι ἀγαγὼν εἰς Δελφούς.

καὶ ἐπιμεληθῆναι δέ, ὅπως αὐτῷ ὁ ἀκόλουθος Αἰθίοψ ἔσται.

καὶ ἀποδιδοὺς μνᾶν ἀργυρίου καινὸν ποιῆσαι ἀποδοῦναι.

καὶ κολοιῷ δὲ ἔνδον τρεφομένῳ δεινὸς κλιμάκιον πρίασθαι καὶ ἀσπίδιον χαλκοῦν ποιῆσαι, ὃ ἔχων ἐπὶ τοῦ κλιμακίου ὁ κολοιὸς πηδήσεται.

καὶ βοῦν θύσας τὸ προμετωπίδιον ἀπαντικρὺ τῆς εἰσόδου προσπατταλεῦσαι στέμμασι μεγάλοις περιδήσας, ὅπως οἱ εἰσιόντες ἴδωσιν, ὅτι βοῦν ἔθυσε.

καὶ πομπεύσας μετὰ τῶν ἱππέων τὰ μὲν ἄλλα πάντα δοῦναι τῷ παιδὶ ἀπενεγκεῖν οἴκαδε, ἀναβαλόμενος δὲ θοἰμάτιον ἐν τοῖς μύωψι κατὰ τὴν ἀγορὰν περιπατεῖν.

καὶ κυναρίου δὲ Μελιταίου τελευτήσαντος αὐτῷ μνῆμα ποιῆσαι καὶ στηλίδιον στήσας ἐπιγράψαι ›Κλάδος Μελιταῖος‹.

καὶ ἀναθεὶς δάκτυλον χαλκοῦν ἐν τῷ Ἀσκληπιείῳ τοῦτον ἐκτρίβειν, στεφανοῦν, ἀλείφειν ὁσημέραι.

ἀμέλει δὲ καὶ συνδιοικήσασθαι μετὰ τῶν συμπρυτάνεων, ὅπως ἀπαγγείλῃ τῷ δήμῳ τὰ ἱερά, καὶ παρεσκευασμένος λαμπρὸν ἱμάτιον καὶ ἐστεφανωμένος παρελθὼν εἰπεῖν· »Ὦ

21 DER WICHTIGTUER

Der Wichtigtuer pflegt sich folgendermaßen aufzuführen:

Für die Zeremonie der Ersthaarschur bringt er seinen Sohn nach Delphi.

Er trägt Sorge dafür, dass sein Begleiter ein Äthiopier sei.

Muss er jemandem eine Mine zurückerstatten, die er ihm schuldete, nimmt er dafür eigens eine gerade neu geprägte Silbermünze.

Für die Dohle, die er sich im Haus hält, kauft er eigens ein Leiterchen und fertigt einen kleinen Schild aus Bronze für sie, damit sie damit auf dem Leiterchen auf und ab springe.

Hat er einen Ochsen geopfert, nagelt er dessen Skalp samt den Hörnern, umkränzt mit großen Girlanden, an der Wand gegenüber seinem Hauseingang an, damit die Hereinkommenden sehen, dass er einen Ochsen geopfert hat.

Nach einer Prozession der Ritter lässt er seinen Sklaven alle anderen Dinge (der Rüstung) nach Hause tragen und schreitet selbst mit übergeschlagenem Mantel und gespornt die Agora hinab.

Nach dem Tod seines Malteserhündchens errichtet er ihm ein Grabmal und stellt dort eine kleine Stele mit der Inschrift ›Klados von Malta‹ auf.

Er bringt einen Finger aus Bronze als Weihgeschenk im Asklepieion dar und reibt ihn dann täglich ab, bekränzt ihn und ölt ihn ein.

Von seinen Mitprytanen lässt er sich selbstverständlich dazu beauftragen, der Volksversammlung Opferbericht zu erstatten, und tritt dazu in weißer Robe und bekränzt auf

ἄνδρες Ἀθηναῖοι, ἐθύομεν οἱ πρυτάνεις [τὰ ἱερὰ] τῇ Μητρὶ τῶν θεῶν τὰ Γαλάξια καὶ τὰ ἱερὰ καλά καὶ ὑμεῖς δέχεσθε τὰ ἀγαθά.« καὶ ταῦτα ἀπαγγείλας ἀπελθὼν οἴκαδε διηγήσασθαι τῇ αὑτοῦ γυναικί, ὡς καθ᾽ ὑπερβολὴν ηὐημέρει.

das Podium, um zu verkünden: »Männer von Athen, es haben wir Prytanen die Galaxia (Milchfest) für die Göttermutter (Kybele) zelebriert, und die Opfer fielen günstig aus; wir bitten euch, diese gute Nachricht freundlich entgegenzunehmen.« Und nach solcher Abkündigung geht er nach Hause und erzählt seiner Frau, was für ein erfolgreicher Tag das war.

22 ΑΝΕΛΕΥΘΕΡΟΣ

Ὁ δὲ ἀνελεύθερος τοιοῦτός τις, οἷος νικήσας τραγῳδοῖς ταινίαν ξυλίνην ἀναθεῖναι τῷ Διονύσῳ ἐπιγράψας μέλανι αὑτοῦ τὸ ὄνομα.

καὶ ἐπιδόσεων γιγνομένων ἐν τῷ δήμῳ ἀναστὰς σιωπῇ ἐκ τοῦ μέσου ἀπελθεῖν.

καὶ ἐκδιδοὺς αὑτοῦ θυγατέρα τοῦ μὲν ἱερείου πλὴν τῶν ἱερεωσύνων τὰ κρέα ἀποδόσθαι, τοὺς δὲ διακονοῦντας ἐν τοῖς γάμοις οἰκοσίτους μισθώσασθαι.

καὶ τριηραρ⟨χῶν τὰ μὲν τοῦ⟩ κυβερνήτου στρώματα αὑτῷ ἐπὶ τοῦ καταστρώματος ὑποστόρνυσθαι, τὰ δὲ αὑτοῦ ἀποτιθέναι.

καὶ τὰ παιδία δὲ δεινὸς μὴ πέμψαι εἰς διδασκάλου, ὅταν ᾖ [τοῦ ἀποτιθέναι καὶ τὰ παιδία] Μουσεῖα, ἀλλὰ φῆσαι κακῶς ἔχειν, ἵνα μὴ συμβάλωνται.

καὶ ἐξ ἀγορᾶς δὲ ὀψωνήσας [τὰ κρέα] αὐτὸς φέρειν [καὶ] τὰ λάχανα ἐν τῷ προκολπίῳ.

καὶ ἔνδον μένειν, ὅταν ἐκδῷ θοἰμάτιον πλῦναι.

καὶ φίλου ἔρανον συλλέγοντος καὶ διηγγελμένου αὐτῷ, προσιόντα προϊδόμενος ἀποκάμψας ἐκ τῆς ὁδοῦ τὴν κύκλῳ οἴκαδε πορευθῆναι.

καὶ τῇ γυναικὶ δὲ τῇ ἑαυτοῦ προῖκα εἰσενεγκαμένῃ μὴ πρίασθαι θεράπαιναν, ἀλλὰ μισθοῦσθαι εἰς τὰς ἐξόδους ἐκ τῆς γυναικείας παιδάριον τὸ συνακολουθῆσον.

22 DER KNAUSER

Der Knauser verhält sich folgendermaßen: Nach dem Sieg im tragischen Agon weiht er dem Dionysos eine Kopfleiste aus Holz, auf die er mit Tinte seinen Namen geschrieben hat (sonst nichts).

Wird in der Volksversammlung zu Spenden (für staatliche Zwecke) aufgerufen, steht er mittendrin auf und geht schweigend hinaus.

Bei der Hochzeit seiner Tochter verkauft er das Fleisch des Opfertiers außer dem Priesteranteil, und die Leute, die er für die Ausrichtung der Hochzeitsfeierlichkeiten angestellt hat, müssen selbst für ihre Verpflegung aufkommen.

Als Trierarch breitet er die Decken des Steuermanns für sich selbst auf dem Deck aus und legt die eigenen beiseite.

Er bringt es sogar fertig, seine Kinder während der Museia nicht zur Schule zu schicken, sondern gibt an, sie seien krank, damit sie keinen Festbeitrag leisten müssen.

Vom Einkauf auf dem Markt trägt er das Gemüse eigenhändig in seinem Gewandbausch nach Hause.

Er bleibt daheim (geht nicht aus), wenn er seinen Mantel zur Wäscherei gegeben hat.

Sieht er, wie ihm (auf der Straße) ein Freund entgegenkommt, der eine Beitragssammlung macht und mit ihm (bereits) darüber gesprochen hat, weicht er von seiner Route ab und geht einen Umweg, um nach Hause zu kommen.

Obwohl seine Frau eine ordentliche Mitgift mit in die Ehe gebracht hat, kauft er ihr keine eigene Sklavin, sondern mietet eine Jugendliche auf dem Frauenmarkt zu ihrer Begleitung.

καὶ τὰ ὑποδήματα παλιμπήξει κεκαττυμένα φορεῖν καὶ λέγειν, ὅτι κέρατος οὐδὲν διαφέρει.

καὶ ἀναστὰς τὴν οἰκίαν καλλῦναι καὶ τὰς κλίνας ἐκκορίσαι.

καὶ καθεζόμενος παραστρέψαι τὸν τρίβωνα, ὃν αὐτὸν φορεῖ.

Er trägt Schuhe mit geflickter Sohle und sagt, dass sie sich in nichts von Horn unterschieden.

Nach dem Aufstehen macht er (gleich) sauber im Haus und entwanzt die Betten.

Beim Hinsetzen streift er seinen abgetragenen Mantel zur Seite, den er ›ohne was drunter‹ trägt.

23 ΑΛΑΖΩΝ

Ὁ δὲ ἀλαζὼν τοιοῦτός τις, οἷος ἐν τῷ δείγματι ἑστηκὼς διηγεῖσθαι ξένοις, ὡς πολλὰ χρήματα αὐτῷ ἐστιν ἐν τῇ θαλάττῃ· καὶ περὶ τῆς ἐργασίας τῆς δανειστικῆς διεξιέναι, ἡλίκη, καὶ αὐτὸς ὅσα εἴληφε καὶ ἀπολώλεκε· καὶ ἅμα ταῦτα πλεθρίζων πέμπειν τὸ παιδάριον εἰς τὴν τράπεζαν, ⟨μηδὲ μιᾶς⟩ δραχμῆς αὐτῷ κειμένης.

καὶ συνοδοιπόρου δὲ ἀπολαῦσαι ἐν τῇ ὁδῷ δεινὸς λέγων, ὡς μετ᾽ Ἀλεξάνδρου ἐστρατεύσατο καὶ ⟨οἰκεί⟩ως αὐτῷ εἶχε, καὶ ὅσα λιθοκόλλητα ποτήρια ἐκομίσατο· καὶ περὶ τῶν τεχνιτῶν τῶν ἐν τῇ Ἀσίᾳ, ὅτι βελτίους εἰσὶ τῶν ἐν τῇ Εὐρώπῃ, ἀμφισβητῆσαι· καὶ ταῦτα ψοφῆσαι, οὐδαμοῦ ἐκ τῆς πόλεως ἀποδεδημηκώς.

καὶ γράμματα δὲ εἰπεῖν, ὡς πάρεστι παρ᾽ Ἀντιπάτρου τριττὰ δὴ λέγοντα παραγενέσθαι αὐτὸν εἰς Μακεδονίαν· καὶ διδομένης αὐτῷ ἐξαγωγῆς ξύλων ἀτελοῦς, ὅτι ἀπήρνηται, ὅπως μηδ᾽ ὑφ᾽ ἑνὸς συκοφαντηθῇ· »Περαιτέρω φιλοσοφεῖν προσῆκε Μακεδόσι.«

καὶ ἐν τῇ σιτοδείᾳ δὲ ⟨εἰπεῖν⟩, ὡς πλείω ἢ πέντε τάλαντα αὐτῷ γένοιτο τὰ ἀναλώματα διδόντι τοῖς ἀπόροις τῶν πολιτῶν, ἀνανεύειν γὰρ οὐ δύνασθαι.

καὶ ἀγνώτων δὲ παρακαθημένων κελεῦσαι θεῖναι τὰς ψήφους ἕνα αὐτῶν καὶ ποσῶν κατὰ χιλίας καὶ κατὰ μίαν καὶ

23 DER SCHAUMSCHLÄGER

Der Schaumschläger benimmt sich wie folgt: (Im Piräus) auf dem Marktplatz stehend, erzählt er Zugereisten, dass er viel Geld in die Schifffahrt investiert habe; weitschweifig führt er weiter aus, mit wie großen Problemen das Geschäft des Geldverleihs für ihn verbunden sei und wie viel er selbst dabei gewonnen oder verloren habe; und während er solches unter maßlosen Übertreibungen darlegt, schickt er seinen Sklaven zur Bank, wo er nicht einmal *eine* Drachme liegen hat.

Er vermag einen Begleiter auf dem Weg zu enervieren, indem er ihm erzählt, wie er mit Alexander zu Felde zog und sich gut mit ihm verstand und wie viele juwelenverzierte Pokale er mitgebracht habe; (in diesem Zusammenhang) äußert er Zweifel, ob die Kunsthandwerker in Asien nicht besser seien als die in Europa; und das alles sagt er, obwohl er nie irgendwo außerhalb der Stadt gewesen ist.

Er behauptet, drei Briefe von Antipater erhalten zu haben, in denen dieser ihn auffordere, nach Makedonien zu kommen; und es sei ihm die Lizenz zollfreien Holzimports (aus Makedonien) angeboten worden, er habe aber abgelehnt, damit er von niemandem denunziert werden könne: »Da müssen sich die Makedonen etwas anderes einfallen lassen!«

Während der Hungersnot ⟨, so sagt er weiter,⟩ hätten sich seine Aufwendungen zur Unterstützung mittelloser Mitbürger auf mehr als fünf Talente belaufen, er könne nämlich nicht Nein sagen.

Im Kreis ihm unbekannter Menschen fordert er einen von ihnen auf, für ihn die Rechensteine zu setzen, bildet

προστιθεὶς πιθανῶς ἑκάστοις τούτων ὀνόματα ποιῆσαι καὶ δέκα τάλαντα· καὶ ταῦτα φῆσαι εἰσενηνέχθαι εἰς ἐράνους αὐτῷ· καὶ τὰς τριηραρχίας εἰπεῖν, ὅτι οὐ τίθησιν, οὐδὲ τὰς λειτουργίας, ὅσας λελειτούργηκε.

καὶ προσελθὼν δὲ τοὺς ἵππους τοὺς ἀγαθοὺς τοῖς πωλοῦσι προσποιήσασθαι ὠνητιᾶν.

καὶ ἐπὶ τὰς σκηνὰς ἐλθὼν ἱματισμὸν ζητῆσαι εἰς δύο τάλαντα καὶ τῷ παιδὶ μάχεσθαι, ὅτι τὸ χρυσίον οὐκ ἔχων αὐτῷ ἀκολουθεῖ.

καὶ ἐν μισθῷ τὴν οἰκίαν οἰκῶν φῆσαι ταύτην εἶναι τὴν πατρῴαν πρὸς τὸν μὴ εἰδότα, καὶ διότι μέλλει πωλεῖν αὐτὴν διὰ τὸ ἐλάττω εἶναι αὐτῷ πρὸς τὰς ξενοδοκίας.

Summen über die Tausender bis zu den Einern und ordnet einer jeden von ihnen in glaubhafter Weise Namen zu – die Gesamtsumme beträgt zehn Talente; dieser Betrag, behauptet er, sei von ihm für Leihbeiträge an Freunde erbracht worden, nicht gerechnet seine Aufwendungen im Rahmen der Trierarchie oder der sonstigen Leiturgien, die er geleistet habe.

Er geht zu den Pferdehändlern mit den besseren Tieren und gibt vor, eins kaufen zu wollen.

Im Bekleidungsgeschäft sucht er sich Garderobe für zwei Talente aus und schimpft dann mit dem Sklaven, weil der kein Geld mitgenommen habe.

Das Mietshaus, in dem er wohnt, bezeichnet er einem Unwissenden gegenüber als der Familie gehörig und sagt, dass er es verkaufen wolle, weil es zu klein sei, um seine vielen Gäste aufzunehmen.

24 ΥΠΕΡΗΦΑΝΟΣ

Ὁ δὲ ὑπερήφανος τοιόσδε τις, οἷος τῷ σπεύδοντι ἀπὸ δείπνου ἐντεύξεσθαι φάσκειν ἐν τῷ περιπατεῖν.

καὶ εὖ ποιήσας μεμνῆσθαι φάσκειν.

καὶ βαδίζων ἐν ταῖς ὁδοῖς τὰς διαίτας κρίνειν [ἐν] τοῖς ἐπιτρέψασι.

καὶ χειροτονούμενος ἐξόμνυσθαι τὰς ἀρχάς, οὐ φάσκων σχολάζειν.

καὶ προσελθεῖν πρότερος οὐδενὶ ἐθελῆσαι.

καὶ τοὺς πωλοῦντάς τι ἢ μισθουμένους δεινὸς κελεῦσαι ἥκειν πρὸς αὐτὸν ἅμ᾽ ἡμέρᾳ.

καὶ ἐν ταῖς ὁδοῖς πορευόμενος μὴ λαλεῖν τοῖς ἐντυγχάνουσι, κάτω κεκυφώς, ὅταν δὲ αὐτῷ δόξῃ, ἄνω πάλιν.

καὶ ἑστιῶν τοὺς φίλους αὐτὸς μὴ συνδειπνεῖν, ἀλλὰ τῶν ὑφ᾽ αὑτόν τινι συντάξαι αὐτῶν ἐπιμελεῖσθαι.

καὶ προαποστέλλειν δὲ, ἐπὰν πορεύηται, τὸν ἐροῦντα, ὅτι προσέρχεται.

καὶ οὔτε ἐπ᾽ ἀλειφόμενον αὑτὸν οὔτε λούμενον οὔτε ἐσθίοντα ἐᾶσαι ἂν εἰσελθεῖν.

ἀμέλει δὲ καὶ λογιζόμενος πρός τινα τῷ παιδὶ συντάξαι τὰς ψήφους διαθεῖναι καὶ κεφάλαιον ποιήσαντι γράψαι αὐτῷ εἰς λόγον.

24 DER HOCHNÄSIGE

Der Hochnäsige pflegt sich so zu verhalten: Einem Bittsteller mit dringendem Anliegen sagt er, er werde sich beim Spaziergang nach dem Essen mit ihm treffen.

Hat er jemandem etwas Gutes getan, schärft er ihm ein, er möge es im Gedächtnis behalten.

Haben ihm Leute die Leitung eines Schiedsgerichtsverfahrens angetragen, trifft er seine Entscheidung (des Falles sogleich) beim Gang auf der Straße.

Ist er durch Handaufheben in ein Amt gewählt worden, leistet er einen Eid, um sich der Ausübung zu entziehen, und zwar (lediglich) mit der Begründung, er habe keine Zeit.

Er will mit keinem als Erster Kontakt aufnehmen.

Leute, die ihm etwas verkaufen oder als Lohnarbeiter von ihm angestellt werden wollen, lässt er ausdrücklich bei Tagesanbruch kommen.

Auf der Straße geht er mit gesenktem Kopf und redet mit niemandem, dann wieder schaut er auf – wann es ihm gefällt.

Hat er Freunde eingeladen, speist er nicht mit ihnen, sondern befiehlt einem seiner Bediensteten, sich um sie zu kümmern.

Wenn er jemanden besuchen will, schickt er einen Boten voraus, der sagen soll, dass er kommt.

Wenn er sich gerade einölt, ein Bad nimmt oder eine Mahlzeit hält, lässt er keinen Besucher ein.

Man kann sicher sein, dass er bei einer Geschäftsbesprechung dem (zuständigen) Sklaven befiehlt, die Rechensteine zu setzen und die errechnete Summe in die Liste seines Partners einzutragen.

καὶ ἐπιστέλλων μὴ γράφειν, ὅτι »Χαρίζοιο ἄν μοι«, ἀλλ᾽ ὅτι »Βούλομαι γενέσθαι.« καὶ »Ἀπέσταλκα πρὸς σὲ ληψόμενος.« καὶ »Ὅπως ἄλλως μὴ ἔσται.« καὶ »Τὴν ταχίστην.«

Gibt er etwas in Auftrag, schreibt er nicht: »Du würdest mir einen Gefallen tun…«, sondern: »Es ist mein Wille, dass *das* und *das* geschieht!« – »Ich habe zu dir gesandt, weil ich *das* und *das* zu erhalten wünsche.« – »Bitte genau auf diese Weise!« – »So schnell wie möglich!«

25 ΔΕΙΛΟΣ

Ὁ δὲ δειλὸς ⟨τοιοῦτός⟩ τις, οἷος πλέων τὰς ἄκρας φάσκειν ἡμιολίας εἶναι· καὶ κλυδωνίου γενομένου ἐρωτᾶν, εἴ τις μὴ μεμύηται τῶν πλεόντων· καὶ τοῦ κυβερνήτου ἀνακύπτων ἅμα πυνθάνεσθαι, εἰ μεσοπορεῖ καὶ τί αὐτῷ δοκεῖ τὰ τοῦ θεοῦ, καὶ πρὸς τὸν παρακαθήμενον λέγειν, ὅτι φοβεῖται ἀπὸ ἐνυπνίου τινός· καὶ ἐκδὺς διδόναι τῷ παιδὶ τὸν χιτωνίσκον· καὶ δεῖσθαι πρὸς τὴν γῆν προσάγειν αὐτόν.

καὶ στρατευόμενος δὲ ⟨τοῦ⟩ πεζοῦ ἐκβοηθοῦντος †τε† προσκαλεῖν πάντας κελεύων πρὸς αὐτὸν καταστάντας πρῶτον περιιδεῖν, καὶ λέγειν, ὡς ἔργον διαγνῶναί [ἐστι], πότεροί εἰσιν οἱ πολέμιοι.

καὶ ἀκούων κραυγῆς καὶ ὁρῶν πίπτοντας εἴπας πρὸς τοὺς παρεστηκότας, ὅτι τὴν σπάθην λαβεῖν ὑπὸ τῆς σπουδῆς ἐπελάθετο, τρέχειν ἐπὶ τὴν σκηνήν, τὸν παῖδα ἐκπέμψας κελεύειν προσκοπεῖσθαι, ποῦ εἰσιν οἱ πολέμιοι, ἀποκρύψαι αὐτὴν ὑπὸ τὸ προσκεφάλαιον, εἶτα διατρίβειν πολὺν χρόνον ὡς ζητῶν. ἐν τῇ σκηνῇ ὁρῶν τραυματίαν τινὰ προσφερόμενον τῶν φίλων προσδραμὼν καὶ θαρρεῖν κελεύσας ὑπολαβὼν φέρειν.

καὶ τοῦτον θεραπεύειν καὶ περισπογγίζειν καὶ παρακαθ-

25 DER ANGSTHASE

Die Eigenart eines Angsthasen lässt sich etwa so beschreiben: Auf einer Seefahrt behauptet er, (in der Ferne auftauchende) Klippen seien Piratenschiffe. Wenn das Meer anfängt, unruhig zu werden, fragt er, ob sich unter den Mitreisenden jemand befinde, der nicht in die Mysterien (von Samothrake) eingeweiht sei. Dann schaut er zum Himmel auf und erkundigt sich zugleich beim Steuermann, ob sie schon die Hälfte der Strecke zurückgelegt hätten und wie er die Wetteraussichten beurteile, und zu seinem Nebenmann sagt er, er sei in Angst wegen eines Traums. Am Ende zieht er sich sogar aus und gibt sein Unterkleid seinem Sklaven, ja, er bittet darum, dass man ihn an der Küste absetzen möge.

Zu Felde ruft er bei einem Ausfallangriff der Fußtruppe alle seine Kameraden zu sich und fordert sie auf, in seiner Nähe zu bleiben, um vor allem auf ihn und sein Wohl achtzugeben; und er äußert, dass es schwierig sei, zu erkennen, welches die Feinde seien.

Hört er dann Geschrei (ringsum) und sieht, wie andere fallen, sagt er zu seinen Nebenleuten, er habe in der Eile des Aufbruchs sein Schwert vergessen, läuft zum Zelt, schickt seinen Sklaven unter dem Vorwand fort, er solle danach schauen, wo die Feinde stünden, und versteckt das Schwert unter seinem Kopfkissen; anschließend verweilt er noch lange dort und tut so, als suche er es.

Wie er später vom Zelt aus bemerkt, dass einer der Kameraden verwundet herangetragen wird, läuft er ihm entgegen, ruft ihm zu, guten Muts zu sein, lädt ihn sich auf den Rücken und trägt ihn. Im Zelt übernimmt er dann die Pfle-

ήμενος ἀπὸ τοῦ ἕλκους τὰς μυίας σοβεῖν καὶ πᾶν μᾶλλον ἢ μάχεσθαι τοῖς πολεμίοις.

καὶ τοῦ σαλπικτοῦ δὲ τὸ πολεμικὸν σημήναντος καθήμενος ἐν τῇ σκηνῇ ⟨εἰπεῖν⟩· »Ἄπαγ' ἐς κόρακας· οὐκ ἐάσεις τὸν ἄνθρωπον ὕπνου λαχεῖν πυκνὰ σημαίνων.«

καὶ αἵματος δὲ ἀνάπλεως ἀπὸ τοῦ ἀλλοτρίου τραύματος ἐντυγχάνειν τοῖς ἐκ τῆς μάχης ἐπανιοῦσι καὶ διηγεῖσθαι ὡς κινδυνεύσας· »Ἕνα σέσωκα τῶν φίλων.«

καὶ εἰσάγειν πρὸς τὸν κατακείμενον σκεψομένους τοὺς δημότας, ⟨τοὺς φράτερας⟩, τοὺς φυλέτας καὶ τούτων ἅμ' ἑκάστῳ διηγεῖσθαι, ὡς αὐτὸς αὐτὸν ταῖς ἑαυτοῦ χερσὶν ἐπὶ σκηνὴν ἐκόμισεν.

ge des Verwundeten, wäscht ihn gründlich mit einem Schwamm und setzt sich neben ihn, um die Fliegen von der Wunde zu verscheuchen – kurz, er tut alles Erdenkliche, nur um nicht kämpfen zu müssen.

Und wenn der Trompeter wieder das Kampfsignal bläst, bleibt er ruhig sitzen im Zelt und sagt: »Zur Hölle mit dir! Kein bisschen Schlaf gönnst du dem Menschen hier mit diesen ewigen Signalen!«

Voller Blut von der Wunde des anderen geht er schließlich den von der Schlacht Zurückkehrenden entgegen und verkündet ihnen, als sei er in großer Gefahr gewesen: »Ich habe einen Kameraden gerettet!«

Dann führt er die Genossen vom Demos, ⟨von der Phratrie,⟩ von der Phyle zu dem Liegenden hin, damit sie ihn in Augenschein nehmen, und erzählt dabei jedem einzelnen von ihnen, wie er ihn eigenhändig in das Zelt geschleppt habe.

26 ΟΛΙΓΑΡΧΙΚΟΣ

Ὁ δὲ ὀλιγαρχικὸς τοιοῦτός ⟨τις⟩, οἷος τοῦ δήμου βουλευομένου, τίνας τῷ ἄρχοντι προσαιρήσονται τῆς πομπῆς τοὺς συνεπιμελησομένους, παρελθὼν ἀποφήνασθαι, ὡς δεῖ αὐτοκράτορας τούτους εἶναι, κἂν ἄλλοι προβάλλωνται δέκα, λέγειν, ὅτι »Ἱκανὸς εἷς ἐστι, τοῦτον δὲ δεῖ ἄνδρα εἶναι«, καὶ τῶν Ὁμήρου ἐπῶν τοῦτο ἓν μόνον κατέχειν, ὅτι »Οὐκ ἀγαθὸν πολυκοιρανίη, εἷς κοίρανος ἔστω«, τῶν δὲ ἄλλων μηδὲν ἐπίστασθαι.

ἀμέλει δὲ δεινὸς τοῖς τοιούτοις τῶν λόγων χρήσασθαι, ὅτι »Δεῖ αὐτοὺς ἡμᾶς συνελθόντας περὶ τούτων βουλεύσασθαι καὶ ἐκ τοῦ ὄχλου καὶ τῆς ἀγορᾶς ἀπαλλαγῆναι καὶ παύσασθαι ἀρχαῖς πλησιάζοντας καὶ ὑπὸ τούτων οὕτως ὑβριζομένους ἢ τιμωμένους«, ⟨καὶ⟩ ὅτι »Ἢ τούτους δεῖ ἢ ἡμᾶς οἰκεῖν τὴν πόλιν.«

καὶ τὸ μέσον δὲ τῆς ἡμέρας ἐξιὼν [καὶ] τὸ ἱμάτιον ἀναβεβλημένος καὶ μέσην κουρὰν κεκαρμένος καὶ ἀκριβῶς ἀπωνυχισμένος σοβεῖν τοὺς τοιούτους λόγους τραγῳδῶν· »Διὰ τοὺς συκοφάντας οὐκ οἰκητόν ἐστιν ἐν τῇ πόλει.« καὶ ὡς »Ἐν τοῖς δικαστηρίοις δεινὰ πάσχομεν ὑπὸ τῶν δεκαζομένων.«

26 DER OLIGARCH

Ein Oligarch verhält sich folgendermaßen: Wenn die Volksversammlung darüber berät, wer gewählt werden soll, um dem Archon bei der Organisation des Festzugs (an den Städtischen Dionysien) zu helfen, tritt er ans Podium und fordert, diese Leute mit autokratischen Vollmachten auszustatten, und wenn andere Redner zehn Helfer vorschlagen, sagt er: »Einer genügt, der aber muss ein Mann sein!«; so merkt er sich aus den homerischen Epen auch nur den einen Vers: »Nicht gut ist es, wenn sich viele die Herrschaft teilen – *einer* soll der Herrscher sein!« Sonst kennt er keinen einzigen!

Man kann davon ausgehen, dass er zu denen gehört, die dauernd Sprüche wie die folgenden ablassen: »Wir müssen allein zusammenkommen, um über diese Dinge zu beraten, und uns von der Volksmenge und vom Markt absondern; und wir müssen aufhören, uns an die (gewählten) Amtsinhaber zu wenden, denn es geht nicht an, dass *sie* darüber entscheiden, wie mit uns verfahren wird – ganz gleich, ob wir von ihnen gedemütigt oder geehrt werden!« Und weiter: »Entweder sie oder wir sollen die Stadt regieren!«

Um die Mittagszeit pflegt er auszugehen, mit zurückgeschlagenem Mantel, mittellanger Haarfrisur und sorgfältig geschnittenen Fingernägeln; er schreitet dann stolzierenden Ganges daher und stößt in tragischem Ton Sprüche wie die folgenden aus: »Man kann das Leben nicht mehr aushalten in der Stadt mit dieser ständigen Denunziation!« Oder: »Was uns diese bestechlichen Richter in den Gerichten antun, ist furchtbar!« Und: »Ich kann einfach nicht erkennen,

καὶ ὡς »Θαυμάζω τῶν πρὸς τὰ κοινὰ προσιόντων, τί βούλονται.« καὶ ὡς »Ἀχάριστόν ἐστι ⟨τὸ πλῆθος καὶ ἀμνῆμον⟩ τοῦ νέμοντος καὶ διδόντος.« καὶ ὡς αἰσχύνεται ἐν τῇ ἐκκλησίᾳ, ὅταν παρακάθηταί τις αὐτῷ λεπτὸς καὶ αὐχμῶν.

καὶ εἰπεῖν· »Πότε παυσόμεθα ὑπὸ τῶν λειτουργιῶν καὶ τῶν τριηραρχιῶν ἀπολλύμενοι;« καὶ ὡς »Μισητὸν τὸ τῶν δημαγωγῶν γένος«, τὸν Θησέα πρῶτον φήσας τῶν κακῶν τῇ πόλει γεγονέναι αἴτιον· τοῦτον γὰρ ἐκ δώδεκα πόλεων εἰς μίαν καταγαγόντα λυθείσας βασιλείας· καὶ δίκαια αὐτὸν παθεῖν· πρῶτον γὰρ αὐτὸν ἀπολέσθαι ὑπ᾽ αὐτῶν.

was die, die hier die Politik machen, eigentlich wollen.« Weiter: »Undankbar ist die Menge und vergisst den, der austeilt und gibt!« Und er merkt an, dass er sich schäme, wenn sich in der Volksversammlung so ein unterernährter Dreckfink neben ihn setze.

Auch pflegt er zu sagen: »Wann hören wir endlich auf, uns durch Leiturgien und Trierarchien kaputtmachen zu lassen?« Oder: »Wie abscheulich ist doch diese Demagogenbrut!« Und er behauptet, Theseus sei der Anfang der Übel für die Stadt gewesen, denn *er* habe doch aus zwölf Gemeinden die eine Stadt gebildet und das Königtum abgeschafft; so sei ihm Recht geschehen, als ihm als dem Ersten von ihnen die schlimme Strafe (des Ostrakismos) auferlegt wurde.

27 ΟΨΙΜΑΘΗΣ

Ὁ δὲ ὀψιμαθὴς τοιοῦτός τις, οἷος ῥήσεις μανθάνειν ἑξήκοντα ἔτη γεγονὼς καὶ ταύτας λέγων παρὰ πότον ἐπιλανθάνεσθαι.

καὶ παρὰ τοῦ υἱοῦ μανθάνειν τὸ ›Ἐπὶ δόρυ‹ καὶ ›Ἐπὶ ἀσπίδα‹ καὶ ›Ἐπ' οὐράν‹.

καὶ εἰς ἡρῷα συμβάλλεσθαι τοῖς μειρακίοις λαμπάδα τρέχων.

ἀμέλει δὲ κἄν που κληθῇ εἰς Ἡράκλειον, ῥίψας τὸ ἱμάτιον τὸν βοῦν αἴρεσθαι, ἵνα τραχηλίσῃ.

καὶ προσανατρίβεσθαι εἰσιὼν εἰς τὰς παλαίστρας.

καὶ ἐν τοῖς θαύμασι τρία ἢ τέτταρα πληρώματα ὑπομένειν τὰ ᾄσματα ἐκμανθάνων.

καὶ τελούμενος τῷ Σαβαζίῳ σπεῦσαι, ὅπως καλλιστεύσῃ παρὰ τῷ ἱερεῖ.

καὶ ἐρῶν ἑταίρας καὶ κριοὺς προσβάλλων ταῖς θύ⟨ραις⟩ πληγὰς εἰληφὼς ὑπ' ἀντεραστοῦ δικάζεσθαι.

καὶ εἰς ἀγρὸν ἐφ' ἵππου ἀλλοτρίου ὀχούμενος ἅμα μελετᾶν ἱππάζεσθαι καὶ πεσὼν τὴν κεφαλὴν καταγῆναι.

27 JUGENDWAHN

Jugendwahn wirkt sich folgendermaßen aus: Wer ihm verfällt, lernt Stellen (oder ganze Partien) aus der Dichtung auswendig – mit sechzig! –, und wenn er sie dann vortragen will bei einem Trinkgelage, kann er sich nicht erinnern.

Von seinem Sohn lernt er Kommandos wie ›Zum Speer!‹ (›Rechts um!‹), ›Zum Schild!‹ (›Links um!‹) oder ›Zum Heck!‹ (›Kehrt!‹).

Anlässlich eines Heroenfests gibt er den jugendlichen Teilnehmern einen Geldbeitrag, um am Fackellauf teilnehmen zu dürfen.

Auf einer Feier in einem Herakles-Heiligtum, zu der er eingeladen wurde, wirft er, wie sollte es anders sein, (gleich) seinen Mantel ab und versucht, den Stier hochzuheben, um ihm das Genick zu brechen.

Er geht in Palästren (und fordert dort Anwesende auf), mit ihm zu trainieren.

Im Puppentheater besucht er eine Vorstellung drei- oder viermal – und lernt die Lieder auswendig!

Er lässt sich in die Kultübungen für Sabazios einführen und bemüht sich, vor dem Priester als der Schönste dazustehen.

Bei der Hetäre, mit der er schläft, verschafft er sich mit einem Rammbock Einlass und bezieht dafür Prügel vom Rivalen. (Und dann?) Er strengt (umgehend) einen Prozess gegen den Rivalen an.

Bei einem Ritt aufs Land auf dem Rücken eines fremden Pferdes übt er Reiterkunststücke – mit dem Ergebnis, dass er stürzt und sich eine Kopfverletzung zuzieht!

καὶ ἐν δεκαδισταῖς συνάγειν τοὺς μεθ' αὑτοῦ συναύξοντας.

καὶ μακρὸν ἀνδριάντα παίζειν πρὸς τὸν ἑαυτοῦ ἀκόλουθον.

καὶ διατοξεύεσθαι καὶ διακοντίζεσθαι τῷ τῶν παιδίων παιδαγωγῷ καὶ ἅμα ⟨κελεύειν αὐτὰ⟩ μανθάνειν παρ' αὑτοῦ, ὡς ἂν καὶ ἐκείνου μὴ ἐπισταμένου.

καὶ παλαίων δ' ἐν τῷ βαλανείῳ πυκνὰ τὴν ἕδραν στρέφειν, ὅπως πεπαιδεῦσθαι δοκῇ.

καὶ ὅταν ὦσι⟨ν ἐγγὺς γυναῖκες⟩, μελετᾶν ὀρχεῖσθαι αὐτὸς αὑτῷ τερετίζων.

Zur Versammlung der Dekadisten (der ›Monatszehnten‹) bringt er Leute mit, die bereit sind, den Club finanziell zu unterstützen.

Er spielt ›Hohe Statue‹ mit seinem eigenen Sklaven.

Er wetteifert mit dem Pädagogen seiner Kinder im Bogenschießen und Speerwerfen und fordert sie zugleich auf, bei *ihm* zu lernen, als ob jener nichts davon verstünde.

Beim Ringkampf im Bad wackelt er heftig mit dem Hintern, um als Experte zu erscheinen.

Obwohl Frauen in der Nähe sind, übt er einen Tanz und summt sich selbst die Melodie dazu.

28 ΚΑΚΟΛΟΓΟΣ

Ὁ δὲ κακολόγος τοιόσδε τις, οἷος ἐρωτηθείς· »Ὁ δεῖνα τίς ἐστιν;« †οὐκοῦνδε† καθάπερ οἱ γενεαλογοῦντες· »Πρῶτον ἀπὸ τοῦ γένους αὐτοῦ ἄρξομαι. τούτου ὁ μὲν πατὴρ ἐξ ἀρχῆς Σωσίας ἐκαλεῖτο, ἐγένετο δὲ ἐν τοῖς στρατιώταις Σωσίστρατος, ἐπειδὴ δὲ εἰς τοὺς δημότας ἐνεγράφη, ⟨Σωσίδημος⟩. ἡ μέντοι μήτηρ εὐγενὴς Θρᾷττά ἐστι· καλεῖται γοῦν †ἡ ψυχὴ κρινοκόρακα†· τὰς δὲ τοιαύτας φασὶν ἐν τῇ πατρίδι εὐγενεῖς εἶναι. αὐτὸς δὲ οὗτος ὡς ἐκ τοιούτων γεγονὼς κακὸς καὶ μαστιγίας.«

καὶ †κακῶν† δὲ πρός τινα εἰπεῖν· »Ἐγὼ †δήπου τὰ τοιαῦτα οἶδα, ὑπὲρ ὧν σὺ πλανᾷς πρὸς ἐμέ καὶ τούτοις διεξιών†. αὗται αἱ γυναῖκες ἐκ τῆς ὁδοῦ τοὺς παριόντας συναρπάζουσι.« καὶ »Οἰκία τις αὕτη τὰ σκέλη ἠρκυῖα· οὐ γὰρ οὖν λῆρός ἐστι, τὸ λεγόμενον, ἀλλ᾽ ὥσπερ αἱ κύνες ἐν ταῖς ὁδοῖς συνέχονται.« καὶ »Τὸ ὅλον ἀνδροκόβαλοι τινές.« καὶ »Αὐταὶ τὴν θύραν τὴν αὔλειον ὑπακούουσι.«

ἀμέλει δὲ καὶ κακῶς λεγόντων ἑτέρων συνεπιλαβέσθαι εἴπας· »Ἐγὼ δὲ τοῦτον τὸν ἄνθρωπον πλέον πάντων μεμίσηκα· καὶ γὰρ εἰδεχθής τις ἀπὸ τοῦ προσώπου ἐστίν· τῇ δὲ πονηρίᾳ οὐδὲν ὅμοιον· σημεῖον δέ· τῇ γὰρ αὐτοῦ γυναικὶ τάλαντον εἰσενεγκαμένῃ προῖκα, ἐξ οὗ παιδίον αὐτῷ γεννᾷ, τρεῖς χαλκοῦς ⟨τῆς ἡμέρας⟩ εἰς ὄψον δίδωσι καὶ [τῷ] ψυχρῷ λοῦσθαι ἀναγκάζει [τῇ] τοῦ Ποσιδεῶνος [ἡμέρᾳ]«.

καὶ συγκαθήμενος δεινὸς περὶ τοῦ ἀναστάντος εἰπεῖν καὶ

28 DER VERLEUMDER

Der Verleumder geht folgendermaßen vor: Auf die Frage: »Wer ist der und der?« * * * * * wie die Genealogen: »Lass mich mit seiner Familie beginnen! Sein Vater hatte ursprünglich den Namen Sosias, aber in der Armee wurde daraus Sosistratos, und als er sich in die Bürgerlisten eintragen ließ, ⟨Sosidemos⟩. Seine Mutter jedoch ist eine Thrakerin von vornehmer Abkunft, jedenfalls heißt diese Dame * * * * * * * *, und Frauen mit solchen Namen gehören in ihrer Heimat zum Adel, sagt man. Aber wie man sich bei dieser Abstammung denken kann, ist der in Rede Stehende ein Übeltäter und Schurke.«

Und er sagt zu einem * * *: »Ich * * * * * * * *. Diese Weiber schnappen sich gerade vorbeikommende Männer von der Straße weg.« Und weiter: »In diesem Haus halten sie die Schenkel hoch. Und das ist kein dummes Geschwätz, wie man so sagt, sondern sie treiben es wirklich wie die Hunde mitten auf der Straße!« – »Sie haben nichts anderes im Sinn, als Männer anzumachen.« – »Sie stehen selbst hinter der Haustür und fangen die Gäste ab.«

Man kann davon ausgehen, dass er sich beteiligt, wenn irgendwelche anderen Leute verleumderische Reden führen, und sagt: »Ich verabscheue diesen Menschen mehr als alle anderen. Er hat so einen hasserfüllten Blick. Und seine Niedertracht – unvergleichlich! Zum Beweis: Seitdem ihm seine Frau, die eine Mitgift von einem Talent in die Ehe brachte, einen Sohn geboren hat, gibt er ihr drei Kupfermünzen ⟨am Tag⟩ für die Einkäufe und zwingt sie, sich im Posideon kalt zu waschen.«

Sitzt er mit anderen zusammen, lästert er über jeden, der

ἀρχήν γε εἰληφὼς μὴ ἀποσχέσθαι μηδὲ τοὺς οἰκείους αὐτοῦ λοιδορῆσαι.

καὶ πλεῖστα περὶ τῶν φίλων καὶ οἰκείων κακὰ εἰπεῖν, καὶ περὶ τῶν τετελευτηκότων, ⟨τὸ⟩ κακῶς λέγειν ἀποκαλῶν παρρησίαν καὶ δημοκρατίαν καὶ ἐλευθερίαν καὶ τῶν ἐν τῷ βίῳ ἥδιστα τοῦτο ποιῶν.

aufsteht und die Gruppe verlässt, und einmal in Fahrt gekommen, kann er es nicht lassen, auch über dessen Angehörige herzuziehen.

Am meisten zieht er aber über seine eigenen Freunde und Verwandten her, auch über die Verstorbenen, und beruft sich dafür auf Grundprinzipien wie Redefreiheit, Demokratie und (politische) Freiheit; das ist es, was er in seinem Leben am liebsten tut.

29 ΦΙΛΟΠΟΝΗΡΟΣ

Ὁ δὲ φιλοπόνηρος [ἐστι] τοιόσδε τις, οἷος ἐντυγχάνειν τοῖς ἡττημένοις καὶ δημοσίους ἀγῶνας ὠφληκόσι καὶ ὑπολαμβάνειν, ἐὰν τούτοις χρῆται, ἐμπειρότερος γενήσεσθαι καὶ φοβερώτερος.

καὶ ἐπὶ τοῖς χρηστοῖς εἰπεῖν, ὡς †γίνεται καὶ φησὶν† ὡς οὐδείς ἐστι χρηστός καὶ ὁμοίους πάντας εἶναι καὶ ἐπισκῶψαι δέ· »Ὡς χρηστός ἐστι.«

καὶ τὸν πονηρὸν δὲ εἰπεῖν ἐλεύθερον, ἐὰν βούληταί τις εἰς π⟨...⟩ καὶ τὰ μὲν ἄλλα ὁμολογεῖν ἀληθῆ ὑπὲρ αὐτοῦ λέγεσθαι ὑπὸ τῶν ἀνθρώπων, ἔνια δὲ ἀγνοεῖν φῆσαι· ⟨εἶναι⟩ γὰρ αὐτὸν εὐφυᾶ καὶ φιλέταιρον καὶ ἐπιδέξιον· καὶ διατείνεσθαι δὲ ὑπὲρ αὐτοῦ, ὡς οὐκ ἐντετύχηκεν ἀνθρώπῳ ἱκανωτέρῳ.

καὶ εὔνους δὲ εἶναι αὐτῷ ἐν ἐκκλησίᾳ λέγοντι ἢ ἐπὶ δικαστηρίου κρινομένῳ· καὶ πρὸς ⟨τοὺς⟩ καθημένους δὲ εἰπεῖν δεινός ὡς »Οὐ δεῖ τὸν ἄνδρα, ἀλλὰ τὸ πρᾶγμα κρίνεσθαι.« καὶ φῆσαι αὐτὸν κύνα εἶναι τοῦ δήμου (ὑλακτεῖν γὰρ αὐτὸν τοὺς ἀδικοῦντας) καὶ εἰπεῖν, ὡς »Οὐχ ἕξομεν τοὺς ὑπὲρ τῶν κοινῶν συναχθεσθησομένους, ἂν τοὺς τοιούτους προώμεθα.«

δεινὸς δὲ καὶ προστατῆσαι φαύλων καὶ συνεδρεῦσαι ἐν

29 EIN VERBRECHERSYMPATHISANT

Ein Verbrechersympathisant verhält sich folgendermaßen: Er verkehrt mit Leuten, die juristische Niederlagen erlitten haben und in öffentlichen Gerichtsverfahren für schuldig befunden wurden, in dem Glauben, durch diesen Umgang gewitzter und (von seinen Gegnern) mehr gefürchtet zu werden.

Über (sogenannte) Gute sagt er, dass * * * * * *, und behauptet, dass niemand gut und alle gleich seien; so unkt er in scherzhaftem Ton (über einen bestimmten Bekannten): »Wie gut der doch ist!«

Von einem schlechten Menschen sagt er, das sei ein vornehmer Mann, man solle ihn nur einmal genauer anschauen, und räumt ein, dass vieles von dem, was von den Leuten über ihn geredet werde, wahr sei, anderes könne er aber nicht bestätigen: Nein, sagt er, er ist gutherzig, ein verlässlicher Freund und von rechtschaffener Gesinnung. Voll Verve setzt er sich für ihn ein und behauptet, noch nie einem fähigeren Menschen begegnet zu sein.

Er nimmt seine Partei ein, wenn er in der Volksversammlung spricht oder vor Gericht steht, und es ist ihm wichtig, mit Blick auf die Richter zu statuieren, dass es nicht um den Mann, sondern um die Sache gehe; er sagt von ihm, dass er der Wachhund des Demos sei – er ›belle‹ nämlich die Verbrecher ›an‹ –, und schließlich: »Wir werden niemanden mehr haben, der sich für das Gemeinwohl einsetzt, wenn wir Menschen dieser Art verstoßen!«

Gern übernimmt er die Vertretung von Verbrechern vor Gericht, legt Zeugnis zugunsten von Mitbürgern ab, die

δικαστηρίοις ἐπὶ πονηροῖς πράγμασι καὶ κρίσιν κρίνων ἐκδέχεσθαι τὰ ὑπὸ τῶν ἀντιδίκων λεγόμενα ἐπὶ τὸ χεῖρον.‹

wegen übler Machenschaften angeklagt sind, und interpretiert als Richter das, was von den Opponenten vorgebracht wird, zu deren Nachteil.

30 ΑΙΣΧΡΟΚΕΡΔΗΣ

Ὁ δὲ αἰσχροκερδὴς τοιοῦτός ⟨τις⟩, οἷος ἑστιῶν ἄρτους ἱκανοὺς μὴ παραθεῖναι.

καὶ δανείσασθαι παρὰ ξένου παρ᾽ αὑτῷ καταλύοντος.

καὶ διανέμων μερίδας φῆσαι δίκαιον εἶναι διμοιρίαν τῷ διανέμοντι δίδοσθαι καὶ εὐθὺς αὑτῷ νεῖμαι.

καὶ οἰνοπωλῶν κεκραμένον τὸν οἶνον τῷ φίλῳ ἀποδόσθαι.

καὶ ἐπὶ θέαν τηνικαῦτα πορεύεσθαι ἄγων τοὺς υἱούς, ἡνίκ᾽ ἂν προῖκα εἰσφρῶσιν οἱ θεατρῶναι.

καὶ ἀποδημῶν δημοσίᾳ τὸ μὲν ἐκ τῆς πόλεως ἐφόδιον οἴκοι καταλιπεῖν, παρὰ δὲ τῶν συμπρεσβευόντων δανείσασθαι· καὶ τῷ ἀκολούθῳ μεῖζον φορτίον ἐπιθεῖναι ἢ δύναται φέρειν καὶ ἐλάχιστα ἐπιτήδεια τῶν ἄλλων παρέχειν· καὶ ⟨τῶν⟩ ξενίων τὸ μέρος τὸ αὑτοῦ ἀπαιτήσας ἀποδόσθαι.

καὶ ἀλειφόμενος ἐν τῷ βαλανείῳ [καὶ] εἴπας τῷ παιδαρίῳ· »Σαπρόν γε τὸ ἔλαιον ἐπρίω.« τῷ ἀλλοτρίῳ ἀλείφεσθαι.

καὶ τῶν ὑπὸ τῶν οἰκετῶν εὑρισκομένων χαλκῶν ἐν ταῖς ὁδοῖς δεινὸς ἀπαιτῆσαι τὸ μέρος, κοινὸν εἶναι φήσας τὸν Ἑρμῆν.

καὶ θοἰμάτιον ἐκδοῦναι πλῦναι καὶ χρησάμενος παρὰ γνωρίμου ἐφελκύσαι πλείους ἡμέρας, ἕως ἂν ἀπαιτηθῇ.

[καὶ τὰ τοιαῦτα.] ⟨καὶ⟩ Φειδωνείῳ μέτρῳ τὸν πύνδακα

30 DER GEIZKRAGEN

Der Geizkragen verhält sich wie folgt: Gibt er ein Festmahl, lässt er nicht genügend Brote auftragen.

Einen auswärtigen Gast, der bei ihm übernachtet, ersucht er um ein Darlehen.

Beim Austeilen von Essensportionen sagt er, dass es recht und billig sei, wenn der Austeilende die doppelte Portion erhalte, und setzt es umgehend in die Tat um.

Beim Weinverkauf dreht er einem Freund (mit Wasser) vermischten an.

Er geht *dann* mit seinen Söhnen zur Theatervorstellung, wenn die Veranstalter freien Eintritt gewähren.

Begibt er sich in staatlichem Auftrag auf Reisen, lässt er das offizielle Reisegeld daheim und leiht sich Geld bei den Mitgesandten; er lädt seinem Begleiter eine größere Last auf, als der tragen kann, und teilt ihm die kleinste Essensration von allen Mitreisenden zu; und von den Gastgeschenken (für die Gesandtschaft) fordert er seinen Anteil ein und verkauft ihn dann.

Beim Einölen im Bad sagt er zu seinem Sklaven: »Das ist ja ranzig, das Öl, das du gekauft hast, du Dummkopf!« und benutzt Öl, das jemand anderem gehört.

Von den Geldstücken, die seine Haussklaven auf den Wegen gefunden haben, fordert er einen Teil für sich, mit der Begründung, dass Hermes allen gehöre.

Hat er seinen Mantel zum Waschen gegeben, leiht er sich einen von einem Bekannten und zögert die Rückgabe so lange hinaus, bis er zurückgefordert wird.

[Und weiter Dinge wie die folgenden:] Er teilt den Hausgenossen persönlich die Lebensmittelrationen zu, und

εἰσκεκρουμένῳ μετρεῖν αὐτὸς τοῖς ἔνδον τὰ ἐπιτήδεια σφόδρα ἀποψῶν.

⟨καὶ⟩ ὑποπριάμενός ⟨τι παρὰ⟩ φίλου δοκῶν πρὸς τρόπου πωλεῖσθαι ἐπιλαβὼν ἀποδόσθαι.

ἀμέλει δὲ καὶ χρέως ἀποδιδοὺς τριάκοντα μνῶν ἔλαττον τέτταρσι δραχμαῖς ἀποδοῦναι.

καὶ τῶν υἱῶν δὲ μὴ πορευομένων εἰς τὸ διδασκαλεῖον τὸν μῆνα ὅλον διά τιν' ἀρρωστίαν ἀφαιρεῖν τοῦ μισθοῦ κατὰ λόγον· καὶ τὸν Ἀνθεστηριῶνα μῆνα μὴ πέμπειν αὐτοὺς εἰς τὰ μαθήματα διὰ τὸ θέας εἶναι πολλάς, ἵνα μὴ τὸν μισθὸν ἐκτίνῃ.

καὶ παρὰ παιδὸς κομιζόμενος ἀποφορὰν τοῦ χαλκοῦ τὴν ἐπικαταλλαγὴν προσαπαιτεῖν, καὶ λογισμὸν δὲ λαμβάνων παρὰ τοῦ χειρίζοντος.

καὶ φράτερας ἑστιῶν αἰτεῖν τοῖς ἑαυτοῦ παισὶν ἐκ τοῦ κοινοῦ ὄψον, τὰ δὲ καταλειπόμενα ἀπὸ τῆς τραπέζης τῶν ῥαφανίδων ἀπογράφεσθαι, ἵν' οἱ διακονοῦντες παῖδες μὴ λάβωσι.

⟨καὶ⟩ συναποδημῶν δὲ μετὰ γνωρίμων χρήσασθαι τοῖς ἐκείνων παισί, τὸν δὲ ἑαυτοῦ ἔξω μισθῶσαι καὶ μὴ ἀναφέρειν εἰς τὸ κοινὸν τὸν μισθόν.

ἀμέλει δὲ καὶ συναγόντων παρ' αὐτῷ ὑποθεῖναι τῶν παρ'

zwar mit einem pheidonischen Maß, wobei er dessen Boden auch noch eindrückt und oben das Mehl haargenau abstreift.

Nachdem er eine Sache bei einem Freund unter Wert eingekauft hat, denkt er, damit ein gutes Geschäft machen zu können, und verkauft sie umgehend weiter – mit Gewinn!

Bei der Rückerstattung einer Schuld von 30 Minen bezahlt er – wie könnte es anders sein! – vier Drachmen zu wenig.

Können seine Söhne wegen einer Krankheit nicht zur Schule gehen, zieht er entsprechend viel vom Schulgeld ab. Und im Anthesterion lässt er sie überhaupt nicht an den Unterrichtsstunden teilnehmen wegen der vielen Feiertage, um das Schulgeld ganz zu sparen.

Bekommt er von seinem Sklaven den Anteil an einem Fremdgehalt, fordert er zusätzlich die Gebühr für den Umtausch der Kupfermünzen ein, ebenso wenn er mit seinem Verwalter abrechnet.

Richtet er ein Festmahl für die Angehörigen seiner Phratrie aus, besteht er darauf, dass das Essen für seine Sklaven aus der gemeinsamen Kasse bezahlt wird, und schreibt die (Zahl der) vom Mahl übrig gebliebenen Rettichhälften auf, damit die aufwartenden Sklaven sie nicht für sich nehmen können.

Auf einer Reise mit Bekannten bedient er sich ihrer Sklaven, den eigenen aber vermietet er anderweitig, ohne dessen Gehalt in die Gemeinschaftskasse einfließen zu lassen.

Kommen Leute zu einer Versammlung bei ihm, setzt er natürlich auch das von ihm dafür zur Verfügung gestellte

ἑαυτοῦ διδομένων ξύλων καὶ φακῶν καὶ ὄξους καὶ ἁλῶν καὶ ἐλαίου τοῦ εἰς τὸν λύχνον.

καὶ γαμοῦντός τινος τῶν φίλων ἢ ἐκδιδομένου θυγατέρα πρὸ χρόνου τινὸς ἀποδημῆσαι, ἵνα ⟨μὴ⟩ πέμψῃ προσφοράν.

καὶ παρὰ τῶν γνωρίμων τοιαῦτα κίχρασθαι, ἃ μήτ᾽ ἂν ἀπαιτῆσαι μήτ᾽ ἀπ᾽ ἀποδιδόντων ταχέως ἄν τις κομίσαιτο.

Holz, die Bohnen, den Essig, das Salz und das Lampenöl mit auf die Rechnung.

Heiratet einer seiner Freunde selbst oder richtet er die Hochzeit seiner Tochter aus, verreist er einige Zeit vorher, damit er kein Geschenk machen muss.

Er leiht sich solche Dinge von seinen Bekannten aus, die niemand zurückfordern oder bei der Rückgabe gleich wieder annehmen mag.

Anhang

Zu dieser Ausgabe

Der griechische Text folgt der Edition von H. Diels (Oxford 1909). Folgende Zeichen und Klammern werden verwendet:

(...)	Vom Übersetzer zum besseren Verständnis eingefügte Erklärungen.
[...]	In den Handschriften nicht mehr oder nur schwer zu lesende Passagen.
⟨...⟩	Korrigierte Passagen der Handschrift.
****	In den Handschriften verlorener Text.

Anmerkungen

1

Den *Unehrlichen* (*eiron*) charakterisiert Theophrast als einen sehr kommunikativen Menschen, der seinen Gesprächspartner geradezu überschüttet mit scheinbar wohlmeinenden Äußerungen, dabei allerdings irgendwelche geschäftlichen Zusagen, die er irgendwann gemacht hat, auch wieder zurücknimmt. Auf diese Weise wird überhaupt nicht richtig klar, was diese Person eigentlich meint und will. An einem ernsthaften Kontakt scheint sie nicht interessiert zu sein.

2

Der *Schmeichler* (*kolax*) ist gänzlich auf eine einzige Person fixiert: seinen Gönner. Er hat offenbar nichts anderes im Sinn, als ihm und allein ihm zu Gefallen zu sein. Es ist eine Art von Abhängigkeit.

Und so zupft der Schmeichler Schmutz vom **Mantel** des Bewunderten: Der Mantel war das wichtigste Kleidungsstück der Männer. Von daher ist es denn auch zu verstehen, warum der Knauser (Kapitel 22) nicht ausgeht, wenn er seinen Mantel zur Wäscherei gegeben hat, oder warum der Abergläubische (Kapitel 30) den Mantel, den er in diesem Fall bei einem Bekannten ausgeliehen hat, erst dann zurückgibt, wenn er dazu aufgefordert wird.

In Kapitel 2 haben wir die erste von zwei Szenen der *Charaktere*, in denen bei einem Besuch die **Kinder** des Gastgebers gelobt und in den Vordergrund gestellt werden, beide Male u. a. mit einem biologischen Vergleich: Hier hebt der Schmeichler sie als »Küken aus guter Brut!« aufs Podest, natürlich um sich selber bei seinem Gönner in ein gutes Licht zu stellen. Zur zweiten Szene siehe Kapitel 5.

Iphikratiden waren eine Art von Gamaschen: Sie gehörten zur Rüstung von Peltasten (Leichtbewaffneten) und waren nach dem athenischen Feldherrn Iphikrates (415 – um 353 v. Chr.) benannt.

Auf dem **Frauenmarkt** von Athen wurden Waren für den Haushalt angeboten.

3

Der *Labersack* (*adolesches*) will einem x-beliebigen Hörer sein angeblich reiches Wissen über ganz verschiedene Themen in Form von langen Reden vermitteln. Auch in diesem Fall handelt es sich letztlich um eine einseitige Beziehung, in der sich die eine Person als vorgeblicher Wissensvermittler in den Vordergrund stellt und das Gegenüber nur als Folie benutzt.

Als Einstieg seiner »Kommunikation« mit einem Fremden wählt der Labersack ausgerechnet eine Lobrede auf seine eigene **Frau**!

In Athen wurden vier Frühjahrsfeste zu Ehren des Dionysos gefeiert: Die Kleinen oder Ländlichen **Dionysien** im Dezember und Januar, die Lenäen im Januar und Februar, die Anthesterien im Februar und März sowie die Städtischen oder Großen Dionysien im März und April.

Zeus, der Göttervater der griechischen Religion, wird in diesem Werk nur in seiner Funktion als Regengott genannt, außer hier noch in den Kapiteln 14 und 17.

Der attische Name **Damippos** wurde von dem Rhetor Hypereides verwendet und ist als solcher bei Hesych belegt (Steinmetz, Bd. 2, S. 59; vgl. Diggle, S. 202).

Mit den **Mysterien** sind hier die eleusinischen gemeint, die im Monat Boëdromion (September–Oktober) zu Ehren der Demeter, der Göttin des Lebens und der Fruchtbarkeit, stattfanden und neun Tage dauerten.

Das **Odeion** des Perikles war eine unmittelbar neben dem Dionysos-Theater am Südabhang der Athener Akropolis 435 v. Chr. für musikalische Zwecke erbaute Halle mit 90 Säulen in neun Reihen à zehn Sitzplätzen.

Der **Boëdromion** war der dritte Monat des attischen Jahres, September–Oktober, benannt nach den Boedromia, einem Fest zu Ehren Apollons, das in Athen am siebten Tag dieses Monats gefeiert

wurde und das nach 490 v. Chr. in ein Gedenkfest der Schlacht von Marathon überging. Boëdromios ist ein Beiname Apollons und bedeutet ›der unter Schlachtruf helfend Herbeieilende‹.

Die **Apaturien** waren ein Fest, das in den ionischen Städten (außer Ephesos und Kolophon) im Rahmen der Phratrien (im antiken Griechenland ein verwandtschaftlicher Verband mehrerer Familiengruppen, die wirtschaftlich zusammenarbeiteten und eigene religiöse Kulte pflegten) gefeiert wurde, in Athen vom 11. bis zum 13. Pyanopsion. Der Monat **Pyanopsion**, Oktober–November, der vierte Monat des attischen Kalenders, war benannt nach den Pyanopsia, einem Fest zu Ehren Apollons, das in Athen am Siebten dieses Monats gefeiert wurde. Der Name leitet sich von den Wörtern für ›Bohne‹ und ›kochen‹ ab.

Posideon hieß der sechste Monat des attischen Jahres, Dezember–Januar, der kälteste des Jahres. Zu den **Ländlichen Dionysien** siehe im dritten Absatz.

4

Der griechische Titel *agroikos* bedeutet ›bäurisch‹ oder ›Ackermann‹, und in der Tat benimmt sich der so benannte Typ in Theophrasts Schilderung wie ein Bauer. Er freut sich, wenn ihm ein Tier aus seinem Stall über den Weg läuft, und packt seinen Hund, wenn er ihm begegnet, an der Schnauze oder pflegt etwa einem Ochsen selbst das Futter zuzustreuen. Mit seinem Hofpersonal hält er gesellschaftlichen Kontakt wie mit seinesgleichen, obwohl seine Sklaven oder Tagelöhner einer anderen Klasse angehören.

Kykeon war ein Mischgetränk aus Getreide und Wasser, in Homers *Ilias* (11,638–641) aus Gerstengraupen, geriebenem Ziegenkäse und pramnischem Wein, im Zaubertrank der Kirke für Odysseus in der *Odyssee* (10,234–235) zusätzlich noch mit Honig angereichert. Eine der Kräuterzutaten, die dem Gemisch des Weiteren hinzugefügt wurden, war Thymian, den Theophrast in seiner *Naturgeschichte der Gewächse* (6,2,3) beschrieben hat.

Bei der **Volksversammlung** handelte es sich um die Versamm-

lung der attischen Vollbürger auf der Pnyx, einem Hügel westlich der Akropolis mit Rednerpult gegenüber den unteren Sitzreihen. Entschieden wurde per Abstimmung über wichtige Belange des Staates.

Blöße: In der Antike gab es keine Unterhosen, so dass nichts mehr verborgen blieb, wenn der Mantel wie beschrieben hochgeschlagen wurde.

Wein wurde in der Antike mit Wasser vermischt getrunken. Pur trank man ihn allenfalls am ungezügelten Ende von Gelagen.

Das **Bad** war in Athen ein sozialer Mittelpunkt. Der Ungehobelte kann es auch dort nicht lassen zu singen.

Die vornehmeren Zeitgenossen trugen offenbar eher genähte als **genagelte Schuhe**.

Mit dem **Archon** ist hier wohl der *archon basileus* gemeint, in klassischer Zeit Inhaber des obersten Priesteramts von Athen. Er war Vorsitzender des Areopag-Rats und damit z. B. auch bei Klagen wegen Kapitalverbrechen zuständig.

5

Ähnlich wie der Schmeichler (Kapitel 2) versucht auch der *Gefallsüchtige* (*areskos*), seinem Gastgeber zu beweisen, über welche Qualitäten er verfügt und wie gut er eine Gesellschaft »auf Trab halten« kann. Man könnte ihn auch einen Selbstgefälligen nennen, denn er ist offenbar sehr eitel, geht häufig zum Friseur und hält seine Zähne blendend weiß.

Auch der Gefallsüchtige bezieht die **Kinder** mit ein (siehe dazu die Anmerkungen zu Kapitel 2). Welches Spiel mit dem Rufen von ›**Schlauch**‹ oder ›**Axt**‹ gemeint ist, ist nicht mehr zu bestimmen. Zum Liegen auf dem **Bauch** ist zu bemerken, dass die vornehmere Gesellschaft in der griechischen Antike im Liegen speiste.

Die **Gymnasien** waren in der Antike Orte des Trainings und des Unterrichts. Als **Ephebe** wurde in Athen im 4./3. Jh. v. Chr. ein junger Mann nach Erreichen der Pubertät (18 Jahre) bezeichnet. Zwecks Erlangung des vollen Bürgerrechts mussten sich die Epheben einer zweijährigen militärischen Ausbildung unterziehen.

Die zehn **Strategen** waren in Athen militärische Generäle.

Byzantion: griechische Stadt am Bosporus, heute Istanbul. **Sparta**: griechische Stadt auf der Peloponnes. **Kyzikos**: griechische Stadt in Mysien, an der Südküste des Marmarameers. **Hymettos**: Bergrücken südöstlich von Athen, in der Antike – wie auch heute – für seinen Honig gelobt.

Thurioi: griechische Kolonie in Süditalien, am Golf von Tarent.

Mit seiner **Palästra** stellt der Gefallsüchtige eine halböffentliche Einrichtung für die Durchführung sportlicher und anderer Events zur Verfügung.

6

Der *Skrupellose* (*aponenoëmenos*) ist der Alleskönner, der, vielseitig und flexibel einsetzbar, manchmal auch die Grenzen zur Kriminalität überschreitet. Wie bereits der Gefallsüchtige (Kapitel 5) berührt er, allerdings in anderer Weise, häufig die Grenze zwischen privat und öffentlich, und wie Theophrast es schildert, müssen Reden in seiner Art für manche Hörer ein einziger Horror gewesen sein.

Der **Kordax** wurde in eher obszönen Komödien getanzt, die Schauspieler spielten dabei Betrunkene (allgemein wurden im Theater Masken eingesetzt), wurde aber auch solo im Rahmen von Symposien, Gelagen, dargeboten.

Puppentheater oder – allgemeiner – Schaustellungen wurden in der Regel auf der Agora geboten.

Unterhalt: Frauen durften im antiken Griechenland nichts selbst besitzen, was bedeutete, dass nach dem Tod ihres Ehemanns die nächsten Verwandten für sie sorgen mussten, sofern sie nicht wieder heirateten.

Zum Thema **Gefängnis** in Athen siehe Alexander Nikopoulos, *Das antike Athen*, Mannheim 2004, S. 10.

Der **Obolos** war die kleinste Münzeinheit, ein Sechstel einer **Drachme** wert. Hier ist also von einem Zinssatz von 25 Prozent die Rede!

7

Ähnlich wie der Skrupellose (Kapitel 6) und in anderer Weise der Unehrliche (Kapitel 1) nimmt auch der *Schwätzer* (*lalos*) absolute Meinungsfreiheit und -dominanz für sich in Anspruch, wobei er sich vorgeblich allerdings mehr im intellektuellen Bereich bewegt. Durch sein ständiges Geplapper verhindert er einen geordneten Ablauf öffentlicher Veranstaltungen etwa im Theater, vor Gericht und auf Festen und kann sein Verhalten nur mit seiner ewigen Schwatzsucht begründen.

Die **Palästra** war eine sportliche Übungsstätte im antiken Griechenland und Rom.

Bei der **Volksversammlung** handelte es sich um die Versammlung der attischen Vollbürger auf der Pnyx, einem Hügel westlich der Akropolis mit Rednerpult gegenüber den unteren Sitzreihen. Entschieden wurde per Abstimmung über wichtige Belange des Staates.

Die **Archonten** waren hohe Beamte. **Aristophon** war 330/329 v. Chr. Archon.

Lysander war Staatsmann und Feldherr der griechischen Stadt **Sparta** auf der Peloponnes. Er fiel 395 v. Chr. in der Schlacht bei Haliartos (in Böotien) zu Beginn des Korinthischen Krieges; sein größter Erfolg war der Sieg über die athenische Flotte bei Aigos Potamoi (an den Dardanellen) 405 v. Chr., der zur Beendigung des Peloponnesischen Krieges und zur Etablierung einer Oligarchie in Athen führte, der sog. Herrschaft der Dreißig (404 v. Chr.; Rückkehr zur Demokratie 403 v. Chr. unter Thrasybulos).

Die Schwatzhaftigkeit der **Schwalben** war sprichwörtlich.

8

Der *Gerüchtestreuer* (*logopoios*) ist besessen von dem Wunsch, möglichst viele Menschen glauben zu machen, dass das Gerücht, das er verbreitet, wahr ist.

Flötenspieler: Das Blasinstrument dieses Musikers, der Aulos, war eher oboenartig.

Es geht hier um die sensationelle »Nachricht«, dass Kassander, der Sohn Antipaters und einer der bedeutendsten Diadochen, nach der von Polyperchon und dem König Alexander IV. Aigos gewonnenen Schlacht gefangen genommen worden sei. Die Stimmung in der Stadt habe sich deutlich verschlechtert, sagt der Gerüchtestreuer. Dabei entbehrt die Behauptung jeder Grundlage. Der makedonische Feldherr **Polyperchon** (394 – um 303 v. Chr.) war nach dem Tod Antipaters 319 v. Chr. kurze Zeit Regent des Alexanderreichs und unterstützte die demokratischen Kräfte in Athen. **Kassander** (um 350 – 297 v. Chr.), ebenfalls makedonischer Feldherr und nach Alexander des Großen Tod einer der Diadochen (Nachfolger Alexanders des Großen in den von ihm eroberten Gebieten), machte Polyperchon die Reichsregentschaft streitig, siegte 317 v. Chr. und war später von 305 v. Chr. bis zu seinem Tod König von Makedonien.

9

Der *Unverschämte* (*anaischyntos*) versteht es gut, sich im Zusammenhang mit dem Erwerb billiger Gegenstände oder Eintrittsgelder und bei sonstigen Geldgeschäften kleine Preisvorteile zu verschaffen, manchmal am Rand des Anstands.

Tibeios hießen gemeinhin Sklaven aus Paphlagonien oder Phrygien, denn der Name leitete sich ab von dem eines dortigen Gebirges.

Das Wort **Pädagoge** hatte damals eine engere Bedeutung: Es war damit der einem Schulkind als Begleiter beigesellte Haussklave gemeint, der den jungen Menschen (*pais*) im Rahmen einer Familie durch die Zeit des Heranwachsens führen und begleiten sollte (*agoge*: ›Führung, Erziehung‹).

10

Der *Kleinliche* (*mikrologos*) achtet genau auf Vollständigkeit und Ordnung in seinem Besitz, durchsucht z. B. gründlich die Möbel und Vorhänge in seiner Wohnung, wenn seine Frau ein Geldstück verloren

hat, oder prüft jeden Tag nach, ob die Grenzsteine an seinem Grundstück noch alle an ihrem Platz stehen. Wenn es um Nachbarschaftshilfe geht, z. B. im Zusammenhang mit Festen, muss man sich sein Verhalten als keineswegs großzügig vorstellen.

Der **Obolos** war die kleinste Münzeinheit, ein Sechstel einer **Drachme** wert.

Artemis war die Göttin des Waldes, der Jagd, der Geburt und des Mondes, eine der zwölf olympischen Gottheiten, Tochter des Zeus und der Leto, Zwillingsschwester Apollons.

Ein **Trichalkon** war eine attische Kupfermünze im Wert von drei Chalkoi, also: 3/8 eines Obolos. Es geht hier also um einen Betrag von sehr geringem Wert!

Ein **Demos** war ein Verwaltungsgebiet. Athen und Attika waren in Demen gegliedert.

Man war überzeugt, dass auch die Götter essen müssten, und so brachte man ihnen **Opferschrot** (Getreide) und **Opferkuchen** dar, aber auch Getränke und Düfte.

11

Der *Flegel* (*bdelyros*) benimmt sich in der Öffentlichkeit und überall absolut daneben und völlig distanzlos, ob im Theater, auf dem Markt, im Gerichtssaal oder beim Friseur, und ist sich eigentlich auch darüber im Klaren, dass man auf diese Weise den Unwillen der meisten anderen Anwesenden auf sich zieht. Man möchte ihn rausschmeißen, merkt er das denn nicht?

Geschlechtsteil: In der Antike gab es keine Unterhosen, so dass nichts mehr verborgen blieb, wenn der Mantel wie beschrieben hochgeschlagen wurde.

Flötenspielerinnen: Das Blasinstrument dieser Musikerinnen, der Aulos, war eher oboenartig.

12

Es geht hier um die Fähigkeit, für ein an sich nicht tadelnswertes oder schädliches Vorhaben den richtigen Zeitpunkt zu finden und entsprechend zu handeln. Dem *Taktlosen* (*akairos*) gelingt dies oft nicht, im Gegenteil: Bei ihm sind Versagen und mangelnde Lernfähigkeit in dieser Hinsicht habituell, so dass der Umgang mit einem solchen Typ eher nicht vorteilhaft sein dürfte.

Wenn die Menschen in der Antike ihren Göttern ein Opfertier darbrachten, dann verbrannten sie nur die für sie ungenießbaren Teile auf dem Altar, wie Knochen und Haut. Das Fleisch selbst brieten und verzehrten sie selbst beim anschließenden **Opferschmaus**.

13

Der *Übereifrige* (*periergos*) verfehlt oft seine Ziele, weil er seine eigenen Möglichkeiten überschätzt oder auch Sinn und Zweck einer Maßnahme verkennt, z. B. wenn er einen Kranken Wein trinken lässt, obwohl es der Arzt verboten hat.

Die zehn **Strategen** waren in Athen militärische Generäle.

14

Es ist die Rede von dreizehn Versäumnissen, Fehlern, Fällen von mangelnder Konzentration usw., die dem *Zerstreuten* (*anaisthetos*) unterlaufen, weil er nicht bei der Sache ist.

Gurken reifen im Freiland von Juli bis Oktober, in den Winter- und Frühlingswochen gab es sie nicht im damaligen Athen.

Zeus, der Göttervater der griechischen Religion, wird in diesem Werk nur in seiner Funktion als Regengott genannt, außer hier noch in den Kapiteln 3 und 17.

Das **Heilige Tor** war eines der beiden Tore in der unter Themistokles 479/478 v. Chr. errichteten Athener Stadtmauer, die den Durch-

gang vom inneren zum äußeren Kerameikos, dem großen Stadtfriedhof, ermöglichten.

15

Während die Typen in den Kapiteln 12 bis 14 jeweils infolge einer bestimmten Sozialschwäche an einem normal und gut funktionierenden Kontakt gehindert sind, ist der *Grantler* (*authades*), so gibt er zumindest vor, überhaupt nicht daran interessiert. Er ist ein Sozialverweigerer! Mit anderen Worten: Wird in den vorausgehenden Kapiteln symptomatisch vorgeführt, was der Betreffende unabsichtlich *tut*, wird im Grantler mit ebenfalls kurzen Sätzen verdeutlicht, was einer *nicht* tut, was ihm abgeht, was er verschmäht.

16

Es geht hier hauptsächlich um religiöse Praxis, um Opfer und Riten. Dabei fallen zwei Angaben aus der Rolle, nämlich einmal der Kontakt zu einem Exegeten, d. h. einem theologischen Fachmann, den der *Abergläubische* (*deisidaimon*) fragt, wie er vorgehen solle, nachdem ihm eine Maus ein Loch in einen Gerstensack gebissen hat: Er folgt dessen sachlich richtigem Rat nicht, nämlich einen Sattler heranzuziehen, sondern bringt ein Opfer dar in der Hoffnung auf göttliche Hilfe. Eine andere Besonderheit ist der Schlusssatz, in dem berichtet wird, wie sich der Abergläubische verhält, wenn er einen Geisteskranken oder Epileptiker trifft: Er spuckt sich in den Gewandbausch – eine apotropäische Handlung (d. h., sie diente dem Zweck, Unheil abzuwehren). Die Ansicht, dass Epilepsie als Krankheit von irgendwelchen Göttern geschickt wurde, war weit verbreitet.

Dem Laub des **Lorbeerbaums** wurde nicht nur medizinische Heilkraft zugeschrieben, sondern man vermutete auch, es könne von seelischen Leiden befreien. Die Orakelpriesterin von Delphi, die Pythia, sprach mit einem Lorbeerblatt im Mund.

Das **Wiesel** wurde in der Antike sogar als Haustier gehalten.

Die ungiftige **Schlange** *coluber Aesculapii Linnaeus*, die **Backenschlange**, wurde wie viele andere Schlangenarten religiös verehrt, und zwar im Rahmen des Sabazios-Kults. **Sabazios** war eine kleinasiatische oder phönizische Naturgottheit, deren Kult gegen Ende des 5. Jh.s v. Chr. auch nach Athen gelangte.

Ein **Heroon** war ein kleiner Schrein oder Altar, den man in der Antike für die kultische Verehrung von Heroen (Helden) baute.

Die **Proskynese** war eine besondere Geste der Ehrerbietung, Unterwerfung, Ehrfurcht in religiösen oder herrschaftlich-monarchischen Zusammenhängen, oft auch verbunden mit Fuß- oder Kniefall.

Mit dem **Exegeten** ist das Amt des Sakralrechtsauslegers in Athen gemeint, der für Opfer und Festbräuche sowie für sakrale Reinigungen zuständig war.

Hekate war die Göttin der Magie (und der Wegkreuzungen).

Eulen waren der Göttin **Athena** heilig, der Stadtgöttin der Athener, Gottheit der Weisheit und des Handwerks.

Wöchnerinnen galten als unrein.

Hermaphroditos ist eine Gestalt der griechischen Mythologie mit männlichen *und* weiblichen Körpermerkmalen. Hier sind wohl Statuen gemeint.

Traumdeuter, Wahrsager, Vogelschauer: gewissermaßen Fachleute, die man heute im psychologischen, psychoanalytischen oder psychopathologischen Bereich ansiedeln würde.

Die **Orpheotelesten** waren die ›Orpheusweihemeister‹: Sie erteilten die für die Aufnahme in die Orphischen Mysterien (ein Jenseitskult um den mythischen Dichter und Sänger Orpheus) erforderlichen Weihen.

Die **Meerzwiebel**, auch Weiße Meerzwiebel, aus der Familie der Spargelgewächse, ist giftig, wurde aber in der Antike und auch später noch als Mittel gegen leichte Herzinsuffizienz sowie als Reinigungsmittel verwendet.

17

Im Unterschied zum Grantler (Kapitel 15), der manchmal *gar nicht* antwortet, wenn er angesprochen wird, manchmal abweisend, trifft der *Nörgler* (*mempsimoiros*) in seinen Reaktionen oft nicht den richtigen Ton, so dass sein Gesprächspartner sich manchmal vor den Kopf gestoßen fühlen muss. Was er sagt, klingt zudem oft wehleidig.

Hetären waren gewissermaßen Edelprostituierte.

Zeus, der Göttervater der griechischen Religion, wird in diesem Werk nur in seiner Funktion als Regengott genannt, außer hier noch in den Kapiteln 3 und 14.

18

Hier geht es um einen der wichtigsten Begriffe des menschlichen Soziallebens, nämlich das Vertrauen auf die Bereitschaft möglichst aller Angehörigen einer Gemeinschaft, nach bestem Wissen und Gewissen und das heißt: verlässlich zu handeln. Der *Misstrauische* (*apistos*) ist in dieser Beziehung alles andere als ein Idealtyp. Es handelt sich einfach nicht um gutes Chefverhalten, wenn er z. B. einen Sklaven zum Einkaufen schickt und dann noch einen zweiten hinterhergehen lässt, der prüfen soll, wie viel Geld der erste ausgegeben hat.

19

Zuerst wird ein ungepflegter, kranker Mensch beschrieben, der sich unfein verhält und offenbar auch abstoßend wirken soll. Doch auch was im letzten Abschnitt gesagt wird, ist nicht als positiv zu beurteilen. Dort werden in kurzen Satzgebilden Szenen geschildert, die z. T. mit nicht unbedingt angenehmen Geräuschen verbunden sind. Beide beschriebenen Typen des *Widerlichen* (*dyscheres*) fallen durch ihr Verhalten bei einer Gebetszeremonie auf: Der erste kratzt sich dabei, wohl wegen seiner Hautkrankheit, der andere lässt seinen Trinkbecher fallen und lacht dazu.

Zum **Vogelschauer** siehe die Anmerkung zu Kapitel 16.
Flöte: Der Aulos war eher oboenartig.

20

Im Fall des *Unleidlichen* (*aëdes*) fällt es schwer, eindeutig die Symptome seiner Eigenart zu benennen. Er denkt offenbar, dass sein Haus nichts Besseres sei als eine Kneipe.

Beim **Symposion** aßen und tranken die männlichen Teilnehmer halb liegend, halb sitzend, Wein, und es wurde Musik dargeboten (mit Flöte und Kithara).

Hetären waren gewissermaßen Edelprostituierte.

Der **Parasit** war seiner ursprünglichen, nicht abwertenden Bedeutung gemäß der ›Neben-‹ oder ›Mit-Esser‹. Die Szene hier hat allerdings durchaus peinliche Züge.

21

Der *Wichtigtuer* (*mikrophilotimos*) ist, wie man sieht, ein frommer Mann, der sich treu an die geltenden Riten hält. So legt er z. B. einen Bronzefinger als Weihgeschenk im Asklepieion nieder und bringt dem Gott täglich ein Opfer dar.

Ersthaarschur: Wenn sich ein junger Mann zum ersten Mal rasierte, brachte man das erste Barthaar einer Gottheit dar, hier sogar in **Delphi**. Das einstige Orakelheiligtum liegt nördlich des Golfs von Korinth auf etwa 700 Metern Höhe am Fuß des Parnass und oberhalb des Tals des Flusses Pleistos (Xeropotamos). Noch heute sind dort die Reste zweier zentraler griechischer Heiligtümer zu bestaunen, eines dem Gott Apollon und das andere der Göttin Athena Pronaia geweiht.

Die Wahl eines Sklaven mit schwarzer Hautfarbe, nämlich eines **Äthiopiers**, als Begleiter, die wahrscheinlich auch vor dem Hintergrund der Eroberungen Alexanders des Großen zu sehen ist, zeigt, dass es dem Wichtigtuer um Extravaganz geht.

Eine **Mine** war ein ziemlich kostbares Geldstück, in Athen eine Silbermünze im Wert von 100 Drachmen.

Die **Ritter** (*hippeis*) bildeten die zweithöchste Zensusklasse von Athen, wie sie in den solonischen Reformen 594 v. Chr. definiert wurden.

Das **Malteserhündchen** wird bis 25 Zentimeter groß und vier Kilo schwer, sein Fell ist ganz hell. Es war in der Antike ein beliebtes Haus- und Schoßtier. Der Hund heißt hier Klados, ›Zweig‹.

Das **Asklepieion** war das Heiligtum des Gottes der Medizin und Gesundheit Asklepios, in Athen am Südhang der Akropolis gelegen (Ersterrichtung aus Holz 419 v. Chr., Steinbauten im 4. Jh. v. Chr.). Wer von einer Krankheit genesen war, weihte dem Gott zum Dank gern eine Nachbildung des geheilten Körperteils, ob in Holz, Ton, Stein oder Bronze (wie hier).

Die **Prytanen** waren die Athener Stadträte.

Bei der **Volksversammlung** handelte es sich um die Versammlung der attischen Vollbürger auf der Pnyx, einem Hügel westlich der Akropolis mit Rednerpult gegenüber den unteren Sitzreihen. Entschieden wurde per Abstimmung über wichtige Belange des Staates.

Kybele war eine Fruchtbarkeitsgöttin orientalischen Ursprungs. So wie hier der Wichtigtuer in seinem Opferbericht an die Athener anlässlich der Milchfeier (**Galaxia**) zu Ehren der Göttermutter seine Rede einleitet, hat auch Paulus in seiner berühmten Areopag-Rede das Publikum apostrophiert (*Apostelgeschichte* 17,22). Bei der genannten Feier wurde der Göttin im Monat Galaxion (wohl Elaphebolion, also März/April) ein Milchbrei dargebracht (*gala*, ›Milch‹).

22

Der *Knauser* (*aneleutheros*) hat wie der Abergläubische (Kapitel 16) einen Putzzwang. Man beachte den Unterschied in der Begründung für das jeweilige »Verfahren«: beim Abergläubischen wird mit religiös-kultischen Gründen argumentiert, beim Knauser eher rational-sachlich, dabei allerdings doch auch zwanghaft zeitgebunden. In Haushaltsführung und Umgang mit dem Personal ist er – knauserig!

Jedes Jahr vom dritten bis zum fünften Tag der Städtischen Dionysien, eines Festivals zu Ehren des Dionysos, wurden im Dionysos-Theater am Südabhang der Akropolis Theateraufführungen geboten – **Dionysos** war nicht nur der Gott des Weines, sondern zugleich der Gott der Verwandlung und damit des Theaters. Einzelne Dichter brachten ganze Tetralogien auf die Bühne, d. h. drei Tragödien und ein Satyrspiel. Finanziert wurden die Theateraufführungen von Choregen. Es handelte sich um einen Wettkampf zwischen den einzelnen Tragödien, einen **tragischen Agon**. Der Chorege, dessen Autor zum Sieger gekürt wurde, weihte zum Dank etwas – noch heute lassen sich in Athen die Reste einiger dieser Choregen-Denkmäler bewundern. Der Knauser hingegen weiht kein großes Denkmal, sondern nur ein Stück Holz!

Bei der **Volksversammlung** handelte es sich um die Versammlung der attischen Vollbürger auf der Pnyx, einem Hügel westlich der Akropolis mit Rednerpult gegenüber den unteren Sitzreihen. Entschieden wurde per Abstimmung über wichtige Belange des Staates.

Die **Trierarchie** war wie die bereits genannte Choregie ein öffentliches Amt: Vermögende Athener waren im 5./4. Jh. v. Chr. zu öffentlichen Diensten, Leiturgien, verpflichtet. Die Trierarchen etwa verpflichteten sich für die Führung und Instandhaltung eines Kriegsschiffs, ursprünglich einer Triere (daher der Name), also eines Dreiruderers (Kriegsschiff mit drei Ruderbänken übereinander), für die Dauer eines Jahres.

Die **Museia** waren den Musen gewidmete und an den Schulen gefeierte Feste, bei denen die Schüler Proben ihrer Ausbildung ablegten.

Der **Mantel** war das wichtigste Kleidungsstück der Männer. Normalerweise trug der Mann ein Untergewand, wenn auch keine Unterhose. Mit dem Wort *tribon* am Ende des Kapitels ist ein abgetragener, fadenscheiniger Mantel für den täglichen Gebrauch gemeint, wie ihn z. B. kynische Philosophen trugen.

23

Der *Schaumschläger* (*alazon*) gibt vor, ein sehr erfahrener Geschäftsmann zu sein, der weit herumgekommen und auf einer längeren Reise sogar mit Alexander dem Großen zusammengetroffen sei. So spricht er auch von einem Angebot, das ihm in drei Briefen von einem von dessen wichtigsten Nachfolgern gemacht worden sei. Dieses habe er jedoch abgelehnt.

Der **Piräus** war bzw. ist der Hafen Athens. Dort kamen wohl die meisten Reisenden an.

Zum **Bankwesen** von Athen siehe Michael Rostovtzeff, *Gesellschafts- und Wirtschaftsgeschichte der hellenistischen Welt*, Bd. 2, Darmstadt 1955, S. 1028 ff. Eine **Drachme** entsprach im athenischen Geldsystem einem Wert von sechs Obolen bzw. 48 Chalkoi. Höhere Münznominale waren die Mine (= 100 Drachmen) und das Talent (= 6000 Drachmen).

Alexander der Große wurde 356 v. Chr. geboren und war von 336 v. Chr. bis zu seinem frühen Tod 323 v. Chr. König von Makedonien. Auf seinen Feldzügen eroberte er u. a. das Perserreich, Ägypten und Indien.

Antipater war ein makedonischer Feldherr und Gefolgsmann Alexanders des Großen und nach dessen Tod einer der Diadochen (398–319 v. Chr.), der Nachfolger als Herrscher. Der Kontakt mit ihm ist hier reine Erfindung, das Holzhandelsgeschäft, das ihm angeboten worden sein soll, nichts als Phantasterei.

Makedonien war die unter den Königen Philipp II. (359–336 v. Chr.) und seinem Sohn Alexander dem Großen (336–323 v. Chr.) entstandene Großmacht im Norden Griechenlands, mit der Hauptstadt Aigai (Vergina).

Hungersnot: In den Jahren 329/328 und 328/327 v. Chr. herrschte in Athen ein großer Mangel an Getreide.

Das **Talent** war das höchste Zahlungsmittel; ein attisches Talent entsprach 60 Minen bzw. 6000 Drachmen oder 36 000 Obolen.

Die **Trierarchie** war wie die Choregie ein öffentliches Amt: Vermögende Athener waren im 5./4. Jh. v. Chr. zu öffentlichen Diensten, **Leiturgien**, verpflichtet. Die Trierarchen etwa verpflichteten sich

für die Führung und Instandhaltung eines Kriegsschiffs, ursprünglich einer Triere (daher der Name), also eines Dreiruderers (Kriegsschiff mit drei Ruderbänken übereinander), für die Dauer eines Jahres.

24

Der *Hochnäsige* (*hyperephanos*) behandelt andere von oben herab, ob sie nun eine Bitte an ihn herantragen oder ein Amt, oder ob sie für ihn arbeiten oder mit ihm verhandeln wollen.

25

Beim *Angsthasen* (*deilos*) haben wir eine kunstvoll komponierte kleine Erzählung mit geschlossenem Handlungsablauf und in durchaus lebendiger, gefälliger Sprache. Die darin dargestellte Person verkörpert allerdings ein Problem, und zwar weil sie gegen das später von Horaz eindrücklich formulierte Gebot der soldatischen Treuepflicht verstößt: *Dulce et decorum est pro patria mori* (»Es ist süß und ehrenvoll, für die Heimat zu sterben«, Horaz, *Ode* 3,2,13). Sie verhält sich nicht anders als ein Wehrdienstverweigerer.

Bei den **Mysterien** handelte es sich um eine religiöse Feier, die vor allem im nordägäischen Raum mit Zentrum auf der Insel **Samothrake** und in Böotien begangen wurde und bei der die sog. Großen Götter oder Kabiren im liturgischen Mittelpunkt standen, Gottheiten, die insbesondere im Fall von Seenot um Hilfe angerufen wurden.

Ein **Demos** war ein Verwaltungsgebiet (das Wort stand aber auch für die Gesamtheit der Bürgerschaft). Athen und Attika waren in Demen gegliedert.

Eine **Phratrie** war im antiken Griechenland ein verwandtschaftlicher Verband mehrerer Familiengruppen, die wirtschaftlich zusammenarbeiteten und eigene religiöse Kulte pflegten.

Im Rahmen der kleisthenischen Reform von 508/507 v. Chr. wur-

de das Staatsgebiet von Athen/Attika auf zehn **Phylen** verteilt: Jede davon umfasste einen Teil des Stadtgebiets, einen Teil des Landes und einen Teil der Küste. In der Bule, dem zentralen Regierungsgremium, in dem die Beschlüsse der Volksversammlung vorbereitet wurden, war eine Phyle von jeweils 50 Ratsmitgliedern, den Prytanen, vertreten. Die Prytanen einer Phyle führten jeweils 35 oder 36 Tage lang die Regierungsgeschäfte, ein Drittel von ihnen musste sich währenddessen Tag und Nacht in dem zentralen Regierungssitz, der Tholos (Rundbau) auf der Agora (Marktplatz), aufhalten.

26

Der *Oligarch* (*oligarchikos*) fordert die Macht und Entscheidungshoheit für einen einzelnen Mann oder zumindest für einige Wenige und ist in seinem Auftreten zugleich ein ziemlicher Angeber. Das hier skizzierte Programm würde man heute wohl in der rechten Ecke des politischen Spektrums ansiedeln (nicht zuletzt wegen des Begriffs ›Demagogenbrut‹).

Der **Archon** war ein hoher athenischer Beamter. Der **Festzug** ist im Kontext der Städtischen oder Großen Dionysien zu sehen, eines Festivals zu Ehren des Wein- und Theatergottes Dionysos im März und April.

Der **Homer-Vers**, den der Oligarch auswendig kennt, ist: *Ilias* 2,204. In einer Rede sagt Odysseus dort: »Nichts Gutes ist Vielherrschaft: *einer* soll Herr sein« (Übers. Wolfgang Schadewaldt).

Der Oligarch beklagt sich über das **Denunziantentum** in Athen: Man sprach von ›Sykophanten‹, ›Feigenanzeigern‹ – ein Sykophant war ein Bürger, der einen anderen durch Verleumdungen in Misskredit brachte, um ihn auf diese Weise zu erpressen.

Die **Bestechlichkeit von Richtern** in Athen war ein typisches Komödienmotiv.

Vermögende Athener waren im 5./4. Jh. v. Chr. zu öffentlichen Diensten, **Leiturgien**, verpflichtet. Die **Trierarchen** etwa verpflichteten sich für die Führung und Instandhaltung eines Kriegsschiffs, ursprünglich einer Triere (daher der Name), also eines Drei-

ruderers (Kriegsschiff mit drei Ruderbänken übereinander), für die Dauer eines Jahres.

Der mythische Held **Theseus** soll Athens erster König gewesen sein. Einmal im Jahr konnte die athenische Volksversammlung zwischen 508/507 und 417/416 v. Chr. darüber abstimmen, ob ein Bürger, der des Strebens nach der Tyrannis verdächtigt wurde, für zehn Jahre aus der Stadt verbannt werden sollte. Als ›Stimmzettel‹ wurden dabei Tonscherben (*ostraka*) benutzt, auf denen der Name des Betroffenen einzuritzen war. Hier wird behauptet, dass Theseus diese **Strafe**, der sog. Ostrakismos, als Erstem auferlegt wurde.

27

Beim Text über den *Jugendwahn* (*opsimathes*) muss man sich wohl einen älteren Mann vorstellen, dem es darum geht, bestimmte Kenntnisse und Fähigkeiten wiederzuerlangen und auszuüben, die er in seiner Jugend beherrscht hatte, vielleicht auch neue dazuzulernen und so die Leistung seines Gedächtnisses unter Beweis zu stellen, denn er möchte Anerkennung gewinnen und am liebsten sogar als der Schönste gelten, und zwar auch bei Musik und Tanz und ungeachtet des Altersunterschieds zu den anderen.

Die **Palästra** war eine sportliche Übungsstätte im antiken Griechenland und Rom.

Puppentheater oder, allgemeiner, Schaustellungen wurden in der Regel auf der Agora geboten.

Sabazios war eine kleinasiatische oder phönizische Naturgottheit, deren Kult gegen Ende des 5. Jh.s v. Chr. auch nach Athen gelangte.

Hetären waren gewissermaßen Edelprostituierte.

Die **Dekadisten** waren ein Kultverein, der an jedem Zehnten (*deka*, zehn) eines Monats zur gemeinsamen Erörterung von die Mitglieder interessierenden Problemen zusammenkam.

Worin das Spiel ›**Hohe Statue**‹ bestand, ist nicht zu rekonstruieren.

Das Wort **Pädagoge** hatte damals eine engere Bedeutung: Es war damit der einem Schulkind als Begleiter beigesellte Haussklave ge-

meint, der den jungen Menschen (*pais*) im Rahmen einer Familie durch die Zeit des Heranwachsens führen und begleiten sollte (*agoge*: ›Führung, Erziehung‹).

28

Der Text zum *Verleumder* (*kakologos*) ist leider nicht vollständig überliefert. Anders als in anderen Kapiteln, wo oft in kurzen Sätzen jeweils ein Sachverhalt benannt und dann gleich zum nächsten übergegangen wird, kommt hier ein Thema in einem etwas längeren Abschnitt ausführlicher und in sich geschlossen zur Darstellung. Es geht jeweils um Aspekte seiner ›Leidenschaft‹, um Beispielbereiche und sozusagen Höhepunkte, mit denen der Verleumder seine ›Kunst‹ demonstrieren will ... Geradezu absurd ist der Schluss des Kapitels, wo der Sprecher diese Art, über Menschen herzuziehen, mit Grundprinzipien wie Redefreiheit, Demokratie und (politischer) Freiheit rechtfertigt.

Thrakien: Landschaft im Norden des heutigen Griechenland.

Das **Talent** war das höchste Zahlungsmittel; ein attisches Talent entsprach 60 Minen bzw. 6000 Drachmen oder 36 000 Obolen.

29

Wie bei Kapitel 26 haben wir im Kapitel über den *Verbrechersympathisanten* (*philoponeros*) einen politischen Text: Hier wird ein aus heutiger Sicht linksextremes Programm grob definiert.

Bei der **Volksversammlung** handelte es sich um die Versammlung der attischen Vollbürger auf der Pnyx, einem Hügel westlich der Akropolis mit Rednerpult gegenüber den unteren Sitzreihen. Entschieden wurde per Abstimmung über wichtige Belange des Staates.

Ein **Demos** war ein Verwaltungsgebiet (das Wort stand aber auch für die Gesamtheit der Bürgerschaft). Athen und Attika waren in Demen gegliedert.

30

Dem *Geizkragen* (*aischrokerdes*) geht es immer nur um seinen Vorteil und ums Sparen, ob in offiziellen Angelegenheiten wie Gesandtschaften, auf Reisen, unter Freunden, in der Familie oder im Umgang mit Sklaven.

Hermes war nicht nur der Gott des Reisens und des Handels oder der Gott, der die Toten ins Jenseits geleitet, er war auch der Gott der Diebe – und, wie hier, der des glücklichen Fundes.

Der **Mantel** war das wichtigste Kleidungsstück der Männer.

Das **pheidonische Maß** war eine nach dem mythischen König Pheidon von Argos benannte Maßeinheit auf der Peloponnes; hier ist ein Hohlmaß gemeint.

Eine **Mine** war ein ziemlich kostbares Geldstück, in Athen eine Silbermünze im Wert von 100 Drachmen. 30 Minen entsprachen somit 3000 Drachmen.

Der **Anthesterion** war der achte Monat des attischen Jahres, Februar–März; benannt war er nach den Anthesteria, einem Blüten- oder Frühlingsfest zu Ehren des Dionysos, das an drei Tagen – vom 11. bis zum 13. – dieses Monats stattfand.

Eine **Phratrie** war im antiken Griechenland ein verwandtschaftlicher Verband mehrerer Familiengruppen, die wirtschaftlich zusammenarbeiteten und eigene religiöse Kulte pflegten.

Literaturhinweise

Editionen, zweisprachige Ausgaben, Kommentare

H. Diels: Theophrasti Characteres. Oxford: Clarendon, 1909. [Text. Mehrere Nachdr.]

E. A. Bobrick: Theophrastus' Characters. Bryn Mawr, Pa.: Bryn Mawr College, Thomas Library, 1991. [Text, Komm.]

Philologische Gesellschaft zu Leipzig: Theophrasts Charaktere. Leipzig: Teubner, 1897. [Text, dt. Übers. und Komm.; mit einer Einl. von O. Immisch u. a. zur handschriftlichen Überlieferung und von C. Cichorius zur Abfassungszeit.]

J. E. Sandys: Theophrastu Charakteres / The Characters of Theophrastus. London: Macmillan, 1909. [Text, engl. Übers., Einl., mit einer Neuausg. des Komm. von R. C. Jebb von 1870.]

O. Navarre: Théophraste, Caractères. Paris: Les Belles Lettres, 1920. [Text, frz. Übers., kurze Anm.]

W. Plankl: Theophrastus, Charakteres. München: Heimeran, ^{3}1944. [Text, dt. Übers.]

R. G. Ussher: The Characters of Theophrastus. London: Macmillan, 1960. [Korr. Ausg. Bristol 1993. Text, engl. Übers., mit Einl., Komm., Lit. u. a.]

P. Steinmetz: Theophrastus, Charaktere. 2 Bde. München: Hueber, 1960–62. [Text, dt. Übers., Komm., Lit. u. a.]

D. Klose: Theophrast, Charaktere. Stuttgart: Reclam, 1970. [Mehrere Nachdr.; Text, dt. Übers., kurze Anm., Lit. in Ergänzung zu Steinmetz 1960–62, Nachw. von P. Steinmetz.]

J. Rusten [u. a.]: Theophrastus, Characters. Cambridge, Mass.: Harvard University Press, ^{2}1993. [Text, engl. Übers.]

J. Diggle: Theophrastus, Characters. Cambridge: Cambridge University Press, 2004. [Text, engl. Übers., Einl. und ausführlicher Komm.]

O. Navarre: Caractères de Théophraste. Commentaire exégétique et

critique. Paris: Les Belles Lettres, 1924. [Exegetischer und textkritischer Komm.]

Sekundärliteratur

A. L. Boegehold: The Date of Theophrastus' *Characters*. In: Transactions and Proceedings of the American Philological Association 40 (1959) S. 15–19.

H. Bolkestein: Theophrastos' *Charakter* der Deisidaimonia. Eine religionsgeschichtliche Urkunde. Gießen 1929.

I. Bruns: Das literarische Porträt der Griechen im fünften und vierten Jahrhundert vor Christi Geburt. Berlin 1896.

W. W. Fortenbaugh. Die Charaktere Theophrasts. Verhaltensregelmäßigkeit und aristotelische Laster. In: Rheinisches Museum (1976) S. 62–82.

W. W. Fortenbaugh / J. Talanga: Theophrast. In: Philosophen der Antike. Bd. 1. Hrsg. von F. Ricken. Stuttgart [u. a.] 1996. S. 245–257. [Einführung.]

Th. Gomperz: Über die *Charaktere* Theophrasts. Wien 1889.

M. Gronewald: P. Hamb. 143 = Theophrast, *Charaktere* 7 und 8. In: Zeitschrift für Papyrologie und Epigraphik 35 (1979) S. 21–22.

G. D. Kapsalis: Die Typik der Situationen in den *Charakteren* Theophrasts und ihre Rezeption in der neugriechischen Literatur. Bochum 1982.

E. Kondo: I *Caratteri* di Teofrasto nei papiri ercolanesi. In: Cronache ercolanesi 1 (1971) S. 73–87.

W. Marg: Der Charakter in der Sprache der frühgriechischen Dichtung (Semonides, Homer, Pindar). Darmstadt 1967. [unveränd. reprograph. Nachdr. der Ausg. Würzburg 1938.]

R. A. McCabe: Ben Jonson, Theophrastus, and the Comedy of Humours. In: Hermathena 146 (1989) S. 25–37.

– Refining Theophrastus. Ethical Concerns and Moral Paragons in the English character book. In: Hermathena 159 (1995) S. 33–50.

H.-G. Nesselrath: Die attische Mittlere Komödie. Ihre Stellung in der antiken Literaturkritik und Literaturgeschichte. Berlin [u. a.] 1990.

S. 49–61. [Über Theophrasts Rolle bei der Herausbildung der Komödiendreiteilung – möglicherweise ist er der Erfinder.]

S. Pertsinidis: Theophrastus' *Characters.* A New Introduction. London 2018.

W. Pötscher: Theophrast. In: Der Kleine Pauly. Bd. 5. München 1975. Sp. 720–725.

G. Ranocchia: Natura e fine dei *Caratteri* di Teofrasto. Storia di un enigma. In: Philologus 155.1 (2011) S. 69–91.

O. Regenbogen: Theophrast. In: RE Suppl.-Bd. 7. Stuttgart 1940. Sp. 1354–1562.

J. W. Smeed: The Theophrastan Character. The History of a Literary Genre. Oxford [u. a.] 1985.

M. Stein: Definition und Schilderung in Theophrasts *Charakteren.* Stuttgart 1992.

P. Steinmetz: Der Zweck der *Charaktere* Theophrasts. In: Annales Universitatis Saraviensis / Philosophie 8 (1959) S. 209–246.

F. Wehrli / G. Wöhrle / L. Zhmud: Theophrast. In: H. Flashar (Hrsg.): Grundriss der Geschichte der Philosophie. Die Philosophie der Antike. Bd. 3: Ältere Akademie – Aristoteles – Peripatos. Basel ^{2}2004. S. 506–557.

G. Wöhrle: Theophrast von Eresos. Universalwissenschaftler im Kreis des Aristoteles und Begründer der wissenschaftlichen Botanik. Trier 2019.

Nachwort

Nehmen Sie Platz und sehen Sie sich um in den Zuschauerreihen des Theaters! Wenn Sie nur genau genug hinsehen, werden Sie sie alle sehen: Den, von dem schon alle wissen, dass er nur hier ist, weil er *Frei*karten bekommen hat (er würde nie Eintritt bezahlen!). Den, dem es das Wichtigste ist, nah bei einflussreichen Persönlichkeiten zu sitzen. Denjenigen, der einfach nie die Klappe halten kann – schauen Sie, dass Sie möglichst weit von ihm weg sitzen, sonst werden Sie nichts von der Vorstellung mitbekommen! Den, der immer genau dann klatscht und pfeift, wenn der Rest still ist. Den, der spätestens ab Minute fünf eingeschlafen sein wird und der erst wieder aufwacht, wenn die Menge den Saal längst verlassen hat. Denjenigen, der die Aufführung bereits zum vierten Mal besucht und die Dialoge schon auswendig mitplappern kann. Und dann ist da noch der Kartenabreißer, der sich stets mit den Leuten herumstreitet, die eisern darauf beharren, gratis eingelassen zu werden.

Das Panorama der Typen, das sich Ihnen bei einem Theaterbesuch *heute* bietet, unterscheidet sich wohl unwesentlich von dem zu Zeiten Shakespeares oder Menanders, der einige Zeit nach Alexander dem Großen seine Komödien auf die Athener Bühne brachte (der makedonische Feldherr und Welteroberer starb im Jahr 323 v. Chr. weit weg, in Babylon). Und kurz vor Menanders großer Bühnenzeit ist das Werk entstanden, das Sie hier in Händen halten: Theophrast hat seine dreißig Charakterskizzen zwischen 322 und 317 v. Chr. verfasst. Er war damals bereits etwa fünfzig Jahre alt – genug Zeit, um diese Typen eingehend zu studieren.

Der Autor

Theophrast war Philosoph und Wissenschaftler, ein Schüler des Aristoteles und nach dessen Tod auch sein Nachfolger als Leiter seiner Philosophenschule in Athen. Er wurde zwischen 372 und 370 v. Chr. in Eresos auf der Insel Lesbos geboren, als Sohn eines Walkers namens Melantas. Sein ursprünglicher Name soll Tyrtamos gewesen sein – Aristoteles soll ihn umbenannt haben »wegen seiner göttlichen Redegabe«, so schreibt Diogenes Laertios (*theos*, ›Gott‹, *phrazein*, ›sprechen‹).

Diogenes Laertios hat im 3. Jahrhundert n. Chr. Informationen über Philosophen der vergangenen Jahrhunderte gesammelt – er ist unsere Hauptquelle zu Theophrasts Leben. *Seine* Quelle war womöglich eine Theophrast-Biographie eines gewissen Hermippos, der 289 oder 277 geboren wurde und zwischen 208 und 204 v. Chr. starb, Theophrast also nicht mehr kennengelernt hat. Von Diogenes Laertios wissen wir zum Beispiel auch von den Schriften (zu denen wir noch kommen werden) und vom Testament Theophrasts.

Als Lehrer Theophrasts in der Jugendzeit wird ein gewisser Alkippos genannt. Zweifelhaft ist allerdings die Angabe, er habe noch bei Platon in der athenischen Akademie studiert; in diesem Fall hätte er Aristoteles bereits in Athen kennengelernt – sonst vielleicht in Assos, wohin sich dieser nach dem Tod Platons 347 v. Chr. begeben hat; diese Stadt lag an der kleinasiatischen Küste gegenüber von Lesbos, dort, wo sich heute ein Dorf namens Behramkale befindet.

Ab 345/344 hielt sich Aristoteles für einige Zeit in Mytilene auf Lesbos auf, und in dieser Zeit entwickelte sich die

Zusammenarbeit mit Theophrast, unter anderem auf den Gebieten der Botanik und Zoologie, und sie sollte für den Rest von Aristoteles' Leben andauern: 343/342 bekam Aristoteles von König Philipp II. von Makedonien die Einladung, die Erziehung von dessen damals dreizehnjährigem Sohn Alexander zu übernehmen; möglicherweise schon vorher war er von Mytilene aus in seine Heimatstadt Stageira (auf der Chalkidike) übergesiedelt. Theophrast folgte ihm jedenfalls dorthin und an den Makedonen-Hof in Pella. Und auch als Aristoteles 335/334 nach Athen ging, um im Lykeion (einem öffentlichen Gymnasion im heiligen Bezirk des Apollon Lykeios) einen eigenen Lehrbetrieb aufzunehmen (seine Schule wurde später Peripatos, ›Spaziergang‹, genannt), folgte ihm Theophrast.

Als sein ehemaliger Schüler Alexander auf seinem gewaltigen Feldzug im Osten im Jahr 323 überraschend gestorben war, fürchtete Aristoteles wegen seiner promakedonischen Haltung Auseinandersetzungen in Athen; daher verließ er die Stadt ein weiteres Mal und zog in das Haus seiner Mutter in Chalkis auf Euböa. Dort starb er noch im Oktober desselben Jahres (322). In Athen übernahm nun Theophrast die Leitung des Peripatos (322/321). Die Stadt stand damals, nach der Kapitulation vor dem Reichsverweser Antipater, bis 318 unter der Regentschaft Phokions des Guten und erhielt eine timokratische Verfassung. Für die Zeit zwischen 319 und 316/315 ist überliefert, dass ein gewisser Hagnonides gegen Theophrast einen Asebieprozess anstrengte (mit Asebie warf man ihm mangelnde Ehrfurcht vor den Göttern vor), doch Theophrast wurde freigesprochen – der Ankläger selbst entging knapp einer Verurteilung.

Theophrast lebte in Athen als sog. Metöke. Das heißt, er hatte kein athenisches Bürgerrecht und durfte beispielsweise keinen Grundbesitz erwerben. Doch dank der Intervention des Demetrios von Phaleron, eines Peripatetikers und Freundes Theophrasts, der 317 von Kassander, dem Sohn Antipaters und späterem König, als Regent Athens eingesetzt worden war, durfte er ausnahmsweise die Liegenschaft des Lykeions käuflich erwerben. Erst unter Theophrast hat sich die Schule als eigener Thiasos (religiöser Verein, hier des Musenkults) konstituiert.

Nach dem Sturz des Demetrios im Jahr 307 musste Theophrast Athen für gewisse Zeit verlassen (vielleicht für ein Jahr, womöglich das Jahr 306), und zwar aufgrund des Gesetzantrags eines gewissen Sophokles, Sohn des Amphikleides: Niemand solle ohne Zustimmung des Rats und der Volksversammlung die Leitung einer Philosophenschule bekleiden dürfen. Dieses Gesetz wurde auf Antrag eines Philon später aufgehoben, Sophokles sogar bestraft, und Theophrast konnte nach Athen zurückkehren.

Letztlich leitete er den Peripatos bis zu seinem Tod. Immer wieder soll Theophrast geäußert haben, dass die Zeit ein teures Gut sei – *seine* Zeit war zwischen 288 und 286 abgelaufen: Er starb im (für damalige Verhältnisse) sehr hohen Alter von 85 Jahren, wohl an Altersschwäche, und wurde unter der großen Anteilnahme der athenischen Bevölkerung beigesetzt. Sein Nachfolger als Leiter des Peripatos wurde Straton von Lampsakos.

Theophrast soll zweitausend Schüler gehabt haben (aber sicher weit mehr Hörer), darunter den Komödiendichter Menander und den Arzt Erasistratos. Er pflegte offenbar gute Beziehungen zu den politischen Größen seiner Zeit:

So soll ihn Kassander zu einer Audienz empfangen und Ptolemaios I. Lagos von Ägypten ihm Offerten gemacht haben.

Theophrast blieb zeit seines Lebens unverheiratet (doch hat er sich theoretisch in einer eigenen Schrift mit dem Wesen der Ehe auseinandergesetzt). Seine Bibliothek vermachte er (einschließlich des Nachlasses des Aristoteles) testamentarisch seinem (und auch bereits des Aristoteles) Schüler Neleus, der sie nach Skepsis in der Troas, seiner Heimatstadt, verbringen ließ.

Theophrasts Werke

Theophrast wird als überaus fleißig und produktiv beschrieben. Diogenes Laertios nennt in alphabetischer Reihenfolge rund 220 Titel (allerdings einschließlich einiger »Dubletten«), darunter viele Schriften über Probleme der Ethik und Erziehung sowie ein Werk über psychotische Seelenzustände, auf der Basis u. a. der hippokratischen Humoralpathologie, und insbesondere seine Zusammenstellung der Lehrmeinungen der Naturphilosophen (Vorsokratiker). Vor allem aber ist Theophrast *der* Botaniker der Antike. Zwei botanische Werke sind erhalten. Die Tatsache, dass von Aristoteles dagegen mehrere zoologische Werke erhalten sind, ist vielleicht auf Arbeitsteilung zurückzuführen. Dass sich auch Theophrast für Zoologie interessierte, geht allein schon aus der Zusammenstellung der diese betreffenden Werktitel bei Diogenes Laertios hervor. Das (unechte) Buch 9 der aristotelischen *Historia animalium* ist zudem möglicherweise von Theophrast beeinflusst – im

ersten Kapitel finden sich dort zum Beispiel Ausführungen über den Gegensatz von Männlich und Weiblich sowie über Freund- und Feindschaften im Tierreich. Und auch der Abschnitt aus Porphyrios *De abstinentia* über die Wesensverwandtschaft von Tieren und Menschen könnte auf Ausführungen Theophrasts gründen. Auch mit der Komödie setzte sich Theophrast in seinen Schriften auseinander sowie mit dem Lachen.

Von der theophrastischen Ethik haben sich nur Fragmente erhalten; er hat die aristotelischen Unterscheidungen zwischen einzelnen Tugenden und deren Verortung zwischen Extremen (zum Beispiel der Tapferkeit zwischen Tollkühnheit und Feigheit oder Angst) offenbar problematisiert und verfeinert. In der Beschreibung der Tugenden, aber vor allem der Abweichungen oder Extreme entwickelten sich auch bei Aristoteles Ansätze zu Charakterisierungen oder Typisierungen mit manchen Einzelzügen aus der menschlichen Lebenswelt. Doch mehr noch als Aristoteles hat Theophrast menschliche Eigenheiten, Verhaltensweisen, Stärken und Schwächen auf die natürliche Veranlagung (*physis*) zurückgeführt. Vielleicht trat bei ihm die Empirie noch stärker in den Vordergrund als bei seinem Lehrer. Als Ausdruck dieser Haltung wären dann auch die *Charaktere* zu sehen, die ihm trotz ihres skizzenhaften Stils und der manchmal zufällig anmutenden Anhäufung von Einzelbeobachtungen unter der Hand zu großer Literatur geraten sind.

Die *Charaktere*

In seinem um 319 v. Chr. zu datierenden kleinen Werk mit dem Titel *Charaktere* (oder *charakteres ethikoi*, *Ethische Charaktere*) hat Theophrast dreißig männliche Personen beschrieben, wie sie etwa in der zweiten Hälfte des 4. Jahrhunderts v. Chr. als Bürger in Athen gelebt haben mögen. Meist gibt er in kurzen Sätzen jeweils ein Beispiel für ein typisches Verhalten des beschriebenen Charakters und geht dann schon zum nächsten Beispiel über. Bezeichnend ist, dass vier der Typen in Komödientiteln Menanders wiederbegegnen: *kolax* (2, der Schmeichler), *agroikos* (4, der Ungehobelte/Bäurische), *deisidaimon* (16, der Abergläubische) und *apistos* (18, der Misstrauische). Menander ist der Hauptvertreter der sog. Neuen Komödie (er wurde 342 oder 341 geboren und starb 291 oder 290). Bei seinem *Dyskolos* allerdings, dessen Verhalten man etwa mit dem des 15. theophrastischen *Charakters*, des Grantlers, vergleichen könnte, geht es primär nicht um den Aufweis des Typischen in seinem Verhalten, sondern gerade um den Wandel, die Umkehr zu einer menschlicheren Haltung.

Theophrasts bisweilen fast schon slapstickartig anmutende Szenen sind unterhaltsam, die bunt gezeichneten, lebendig beschriebenen Typen geradezu zeitlos: Unweigerlich denkt der Leser an sein eigenes Umfeld oder findet sich gar einmal selbst wieder! Zugleich ermöglichen die Texte eine Reise in die Kulturgeschichte. Die Lektüre der Charakterskizzen wirft den Leser mitten hinein ins antike Athen. Er meint, selbst auf seinen Straßen zu wandeln, das Treiben auf der Agora, dem Marktplatz, zu beobachten, ein öffentliches Bad zu betreten, beim Gastmahl auf einer der

Speiseliegen zu lümmeln und Wein in der Trinkschale zu schwenken, mitten in der Menge der Volksversammlung zu stehen, bei einer Kultprozession mitzulaufen, auf einem der Sportplätze zu trainieren … oder eben im Theater zu sitzen – und dabei kopfschüttelnd und die Stirn runzelnd seine wunderlichen Mitmenschen zu beobachten.

Inhalt

Die dreißig Charakterskizzen

Anhang